　　本书受到山东省社会科学规划高等学校思想政治教育研究专项"提质增效背景下山东省高校来华留学生思想政治教育制度研究"的资助

学校道德责任教育研究

赵文静 著

中国社会科学出版社

图书在版编目（CIP）数据

学校道德责任教育研究／赵文静著 . —北京：中国社会科学
出版社，2023.5
ISBN 978 - 7 - 5227 - 1818 - 7

Ⅰ.①学…　Ⅱ.①赵…　Ⅲ.①学校教育—德育—研究　Ⅳ.①G41

中国国家版本馆 CIP 数据核字（2023）第 069588 号

出 版 人	赵剑英
责任编辑	高　歌
责任校对	李　琳
责任印制	戴　宽

出　　版	中国社会科学出版社
社　　址	北京鼓楼西大街甲 158 号
邮　　编	100720
网　　址	http://www.csspw.cn
发 行 部	010 - 84083685
门 市 部	010 - 84029450
经　　销	新华书店及其他书店

印刷装订	三河市华骏印务包装有限公司
版　　次	2023 年 5 月第 1 版
印　　次	2023 年 5 月第 1 次印刷

开　　本	710×1000　1/16
印　　张	13.75
插　　页	2
字　　数	200 千字
定　　价	69.00 元

前　　言

　　道德责任既是伦理学中的一个古老而关键的范畴，也是人们日常生活中时常遭遇的一个紧迫而现实的问题。说它古老，是因为在中西伦理思想史中，对道德责任的论述早已有之且立论宏富；说它关键，是因为道德责任作为一种道德现象，体现了人们在处理人—我、他—我、群—我、类—我等道德关系时所应当秉奉的道德立场与道德要求。可以说，对道德教育的任何探讨，都不太可能不涉及道德责任及道德责任教育问题。因为从一定意义上讲，道德教育归根结底就是道德责任教育，就是教人如何负责地去生活与行动的教育。如果说道德责任与道德教育的内在关联性使得道德责任教育成为道德教育的题中应有之义的话，那么，现实生活中道德责任的普遍缺失则使得道德责任教育势在必行。即使不能把责任意识的丧失全部归咎于道德教育的无效或无力，也不能把让人负责的重任全部寄望于道德教育的改革，但任何放弃道德责任教育的尝试，在理论和实践中都已被证实是不可取的。加强道德责任的教育已成为世界各国教育改革的共同趋势。

　　本书属基础理论研究，目的在于通过考察道德责任发生的逻辑始源和发展变化的机制，揭示道德责任之于人、之于人的生活的终极意义，并尝试为提高当下公民的道德责任素质、实施道德责任教育、革除既有道德教育体系的积弊、提高道德教育的实效提供一种理论理性与实践理性相统合的思考框架。鉴于道德责任的发生、发展不是完全顺应历史时态的运行路径而是有其独特的发展逻辑的，本书交错运用分析与综合、归纳与演绎的研究路径，通过历史文献考察，重点探察了道德责任的内涵、意义以及既有的道德责任教育模式，并尝试运用道德哲学、道德心理学和社会学的相关研究成果，论证了道德责任的可能性，为学校道德责任教育的理论设想和实践策略提供了较充分的立论前提。

本书以现实追问和理论盘查为切入点，围绕道德责任和学校道德责任教育的核心问题展开论述，除绪论外共分六个章目。第一章着重考察道德责任的内涵以及与相关概念的区辨。所谓道德责任，乃社会个体基于对自身作为关系性存在和所占有的社会角色的发展性认识，根据一定社会的道德价值体系，自觉践履各种道德要求的道德行为能力以及对自己的行为后果的善、恶的承担。道德责任以其高度的理性自制和自由、自觉为特征，强调对可预见的行为后果的承担。

第二章着重探究道德责任的意义。人之所以要负责，是因为道德责任是人之为人的根本，从更加现实的角度来说，道德责任既是个体智慧地处理各种现实利益关系的生活方式，也是其实现自身乃至促进社会发展的必要内容和途径。

第三章关注道德责任的分类，根据个体作为社会关系的存在的本质，道德责任相应区分为个人生活、公共生活和全球视野中的各种具体责任，并呈现出层次性、发展性特征，拓展到了人与自然的关系中。

第四章是本书的重点之一，主要从伦理学、心理学和社会学的维度考察"人何以能负责"的问题。首先，道德哲学领域，从人是有自由意志的，自由意志是人的存在本质入手，肯定自由是责任的基础和前提。其次，心理学领域以瑞士心理学家皮亚杰的研究为例，他主张儿童的道德发展主要是道德判断的发展，而道德责任是道德判断的集中体现，他从个体发展的微观领域，科学地揭示了道德责任的个体发生机制，主张道德责任是发生、发展的，经历了他律的客观责任和自律的主观责任两个阶段。只有主观责任才是真正的责任，协作是道德责任发生、发展的根本原因；最后，从社会学角度考察人如何能负责的机理，主要从人的社会关系性存在入手，肯定社会性是构成人的道德能力的重要基础，人无法脱离社会独立生存，这使得道德责任成为可能。应该正确看待学校这一因素对道德责任发展的独特作用及其有限性。

第五章探究道德责任是否可教的问题。道德责任是道德的下位概念，解决了道德是否可教的问题，道德责任是否可教的问题自然迎刃而解。关于道德是否可教的分歧的本质是对道德之"教"的理解不同。道德之教并不一定就是灌输、说教，它在本质、形式及内容上都有更加宽泛和深刻的涵义。肯定道德可教，道德责任可教就成为合乎逻辑的结论。

第六章是本书的主旨所在，即尝试对学校道德责任教育的一般理念和实践策略进行构想。先界定了学校道德责任教育的内涵，以及既有道德教育模式对道德责任教育的启示。在此基础上，总结了有效的道德责任教育应有的理念：真正有效的学校道德责任教育，应该以教学生学会负责而不是循规蹈矩为目的，以尊重学生的自由为基础，关注学生道德选择能力的培养。最后以既有的几种典型的教授道德责任的方法为佐证，对学校道德责任教育的实践策略提供了五点建议：倡导创设一种尊重学生自由、鼓励自律和自治的氛围；注重现实情景中道德责任判断与推理能力的培养；注重学生的相互协作和主动实践；遵从道德责任的层次性特征，着眼于学生的现实生活培养学生的道德责任；使积极的社会力量介入学校道德责任教育中，让学生在真正属于自己的教育活动中成为真正的道德责任主体。

目　　录

虽然哲学提供许多既重要又有用的、经过哲学家们充分而又仔细地讨论过的问题，关于道德责任这个问题所传下来的那些教诲似乎具有最广泛的实际用途。因为任何一种生活，无论是公共的还是私人的，事业的还是家庭的，所作所为只关系到个人的还是牵涉他人的，都不可能没有其道德责任；因为生活中一切有德之事均由履行这种责任而出，而一切无行之事皆因忽视这种责任所致。

——［古罗马］西塞罗：《西塞罗三论》

绪　　论

道德责任，是一个兼具深刻理论意义和重要实践意义的问题，是个体和社会生活世界中的一个现实而紧迫的问题。就理论研究而言，道德责任是伦理学的一个古老而关键的范畴；就现实的道德生活而言，无论是个体的道德发展还是社会的道德进步，道德责任都构成了道德范畴的基本要素，是学校的道德教育和社会的道德建设所难以规避的重大论题。"团体的生存、个人的命运以及团体所获致的道德水准，均有赖于强烈的责任感以及对义务负责而忠实的践履。"[①] 人们逐渐认识到，道德责任深刻而现实地关乎个体、社会乃至人类的生存、发展与完善。但理论认识上的共识并不必然意味着实践领域的相应作为。就我国社会的道德现状而言，道德责任的缺失已成为一个公认的

[①]　肖雪慧、兰秀良、魏磊主编：《守望良知——新伦理的文化视野》，辽宁人民出版社1998年版，第377页。

社会焦点问题；就青少年的道德发展状况而言，道德责任的缺席业已成为学校道德教育成效低下的一大痼疾。因而，加强道德责任教育，增强人们的责任心，引导人们树立基本的责任意识，养成对自我行为、社会行为的道德责任，对于规范社会生活的秩序对于加强公民道德建设、对于提高学校道德教育的实效都具有重要的理论意义与现实意义。

第一节　研究的缘起

本书的选题基于理论和实践的双重考虑，鉴于道德责任作为伦理学的核心范畴所具有的基本理论研究价值，在反思现实社会中道德责任缺失的基础上，重新审视道德责任之于个体和社会发展的重大现实意义，进而针对学校道德教育在引导学生学会负责方面不可推卸的责任和存在的问题，在探究学校道德责任教育的基本理念和实践策略方面进行一番尝试。

一　作为伦理学重要范畴的道德责任之教育意义的时代彰显

责任，涉及政治、经济、法律、伦理等领域，但在比较直接的意义上，人们更倾向于道德或伦理角度的理解。只要人类社会仍存续和发展，就会存在日益错综复杂的社会关系；只要社会关系存在，就会产生各种利益冲突；只要有利益冲突，就会产生协调利益冲突的各种行为规范和要求。这些规范和要求之于个人，就是道德责任。在这个意义上，道德责任是伦理学的核心范畴。作为一种基本的伦理规范，道德责任是人在社会生活和人际关系中最基本、最普遍、最广泛的要求。与其他各种形态的责任（如政治责任、经济责任、法律责任等）相比较，道德责任是作用范围最广、成本最低、效果最持久的责任，它能把各种非道德或不道德的行为抑制在萌芽状态或使之最小化。因为道德责任是通过人的内心信念、社会舆论来体现、以个体的自我担当或自觉践履为特质的，这也是道德责任与其他不同类型责任的根本区别。在此意义上，道德责任是统摄其他各种责任的灵魂。道德责任在社会生活特别是道德生活中的重要作用并非源于哲学家或思想家的主观推究与辩谈，而恰是源于人类社会发展和人之存在的永恒需要。人类社会之所以能够形成和发展，前提条件就是身在其中的每个人都应该并且能够承担相应的道德责任。道德责任通过引导、维持人的心灵秩序，保证了人的现实生活的有序运行。

古罗马著名政治家、哲学家西塞罗曾专门以"论责任"为题教导其子。他认为，作为一个父亲，责任是一个"既最适合于你的年纪又最适合于我的身份的问题"；作为一个哲学家，他有责任进行关于道德责任的教诲，因为道德责任既是一个研究充分的哲学话题，又是一个具有最广泛的实际用途的问题，它直接关乎我们的生活。在某种意义上，"如果一个人不反复灌输任何有关责任的教诲，他怎么能自称为哲学家呢"①。对道德责任的探讨是所有哲学家共同面对并苦苦求索的永恒的主题。在这方面，康德奠定了从义务论说伦理学的先河，但其只问动机不问后果的片面观点，多为后继的哲学家所诟病。责任伦理学就是从强调人应该为自己的行为可预见的后果负责出发，强调人应该承担起对子孙后代在保护生态环境方面的责任，以此尝试解决人类面临的复杂的伦理问题。责任伦理学的代表人物、德裔美籍学者尤纳斯（Hans Jonas，1903—1993）在1979年发表的《责任原理——技术文明时代的伦理学探索》中开门见山地指出："普罗米修斯终于摆脱了锁链：科学使它具有了前所未有的力量，经济赋予它永不停息的推动力。解放了的普罗米修斯正在呼唤一种能够通过自愿节制而使其权力不会导致人类灾难的伦理。现代技术所带来的福音已经走向其反

---

① ［古罗马］西塞罗：《西塞罗三论》，徐奕春译，商务印书馆1999年版，第91页。

面，已经成为灾难。"① 伦理学以人的行为为研究对象，因此责无旁贷地要对此问题做出应答。显然，传统伦理学已不能适应人类今天面对的新情况，康德的只问动机不问后果的动机伦理学亦显得苍白无力，取而代之的应该是以"责任"为中心的道德标准。责任的对象既包括自然界又包括人类。责任原则恰如其分地体现了当代社会在技术时代的巨大挑战面前所应有的一种精神需求与精神气质，契合了人在现实生活中产生的新的伦理要求——为了人类更好地生存和社会生活的有序进行，每个人都应学会负责。责任的当代意义尤其是教育意义愈益彰显，无可回避。

二　作为紧迫的现实问题在现实社会生活中的缺失和反思

选择从伦理学视域来探讨责任这一极具现实意义与理论意义的论题，不仅仅是基于道德责任在伦理学中的理论意义及其特殊地位，更现实、更迫切的原因在于：道德责任的缺席在当代人类生活中已经如此普遍，以至于人类心灵的秩序因规范力量的弱化而出现的混乱已经危及了人类文明的健康运行。

科学技术在 20 世纪的迅猛发展，空前改善了人们的物质生活。就在人们陶醉于科技的飞速发展及其带来的丰裕的物质生活时，一些具有深刻洞察力的学者开始忧心忡忡地提醒人们警惕潜藏在富裕生活和无休止地征服自然背后的各种道德危机。比如，全球性生态环境的恶化，已成为人类面临的第一大挑战与威胁。享誉世界的美国伦理学家奥尔多·利奥波德（Aldo Leopold, 1887—1948）在《沙乡年鉴》（1949 年）中对"土地伦理"进行了全新阐述；蕾切尔·卡逊（Rachel Carson）在其《寂静的春天》（1962 年）中发出了惊世骇俗的关于农药危害人类环境的预言；美国学者丹尼斯·米都斯等提交了《增长的极限——罗马俱乐部关于人类困境的报告》（1972 年），希望通过唤醒和强化人类对保护地球共同体的道德责任感来挽救人类自身。

---

① 李文潮：《技术伦理与形而上学》，《自然辩证法研究》2003 年第 2 期。

这反映了人们对人类自身生存命运的深刻担忧。尽管如此，全球性的气候变化、温室效应、物种灭绝、资源枯竭、环境污染、土壤沙化等情况并没有从根本上得到改变，反而日益加重了。更严重的是隐藏在科技文明背后的功利主义价值观，冲击着原有社会的价值规范体系，在政治、经济、文化等领域引发了一系列混乱。贪污受贿、权钱交易、商业欺诈、假冒伪劣屡禁不止，社会公德失落、职业道德旁落、家庭伦理式微、集体主义淡化，人与人之间的关系日益冷漠和疏远……凡此种种，都预示着人类责任意识的淡漠和责任行为的缺席。相较于活生生的事实，再严谨、再缜密的学理论证也显得苍白无力。

当下社会生活中道德责任缺失、责任意识沦丧的案例比比皆是，触目惊心。人性的迷失、道德的沦丧、责任的匮乏，值得人们警醒与反思。源自责任缺失的种种道德失范行为究竟为什么如此普遍地发生？除却社会经济发展、生活环境变迁、文化价值观念的原因，个体自身有没有责任？该承担何种责任？现代社会中，个体与个体、个体与社会之间究竟是怎样一种关系？

责任的缺席是人的生活的颓废，是人的道德意识与行为"无根"的表现。按照法国政治哲学家西蒙娜·薇依的观点，现实生活中的责任缺失，就是一种"拔根状态"。而"扎根（enracinement）"才是人类灵魂"最重要也是最为人所忽视的一项需求"。她对此做了进一步解释：生活中，"一个人通过真实、活跃且自然地参与某一集体的生存而拥有一个根，这集体活生生地保守着一些过去的宝藏和对未来的预感（pressentiment d'avenir）。所谓自然的参与，指的就是由地点、出生、职业、周遭环境所自动带来的参与。每个人都需要拥有多重的根。每个人都需要，以他作为自然成员的环境为中介，接受其道德、理智、灵性生命的几乎全部内容"①。简言之，"扎根"就是一个人不

---

① ［法］西蒙娜·薇依：《扎根：人类责任宣言绪论》，徐卫翔译，生活·读书·新知三联书店 2003 年版，第 33 页。

仅仅在生理学意义上可以称为一个人，而且必须在所处的人类群体中占有一个位置，扮演某种角色，从事某些活动，在人类事务中拥有一种"有'自己的份（in it）'的感觉"；只有拥有了道德责任，人才算是在现实生活中"扎下了根"。与此相对，拔根就是拒绝这种"份"的感觉，空有一副躯壳行走于世，完全无视自己作为社会一员所拥有的责任之沉沦状态；缺乏道德责任，人在现实生活中就会被"连根拔起"。

如今，人们认识到，要消除可能导致人类毁灭的自身方面的各种因素，不能仅仅靠智力行为，而要诉诸伦理行为，加强人自身的自控能力和责任意识。较之学理层面的逻辑探索，社会生活领域关于道德责任的吁求更加强烈。责任政治的探讨和责任政府的构建已提上现代民主政治建设的议事日程；肇始于市场经济领域的诚信观念已成为各行各业的共识并纳入《公民道德建设实施纲要》，诚信，无非是一种"言必信、行必果"的负责态度；现代企业伦理正在经历从利润最大化的价值观到社会责任伦理观的根本转变，社会责任成为企业继价格竞争、质量竞争之后新一轮国际竞争的主要标志，并已转变为一种新的竞争力。索尔曼指出，信任可以降低"交易成本"；塞恩主张伦理规则能组织成熟的交易活动，并且把一种孤立的"囚徒的困境"转变为一种多赢的"自信的游戏"。学会负责，已成为当今社会对人的素质的一致共识和迫切需求。

三 作为学校道德教育的应有之义在理论与实践中的失误和不力

较之伦理学对道德责任的一贯论说，道德责任缺失在现实生活中引发的举不胜举的发人深思的事故，教育包括道德教育对此的反应，除了发自内心的一些"道德义愤"而外，并未反省自身之于这些现象的"责任"。当教育自身缺乏责任的时候，责任的教育、责任意识的教育、责任公民的教育往往就成了理论的奢侈而难以深入到教育的目标与实践过程。

那么教育在这样一场责任行动中究竟应发挥什么样的作用？学校

的角色及学校道德教育的使命是什么？这是教育特别是道德教育必须加以合理回答的问题。由雅克·德洛尔任主席的国际 21 世纪教育委员会在向联合国教科文组织提交的报告中指出："事实上，社会的每一个成员在其职业、文化、结社和消费活动中，每天都应承担自己对他人的责任。因此，学校应为每个人发挥这种作用做好准备。"① 道德责任是当今社会对人的道德素质的迫切要求。道德教育作为公民道德责任教育的主要力量和学校教育的灵魂与核心，培育学生的责任意识，教学生学会负责，自然责无旁贷。换言之，责任教育应该也必须成为学校道德教育的目标与内容。联合国教科文组织副总干事科林·N·鲍尔认为，"尽管教育并非解决所有社会弊端的灵丹妙药，但教育却常是我们战胜挑战取得平等持续发展的有效途径"② 。道德教育要关注人及其生活，就必须关注道德责任。道德责任教育原本就是道德教育的应有之义。道德就是关系、要求和应当。"应当"包含了某种规定，规定同时包含着某种"应当"，而规定所指称的"应当"，就是人们应尽的责任。由此推理，在一定意义上，道德就是自觉履行责任，道德教育就是责任教育，就是教人认识自己的道德责任，形成崇高的责任感，并转化为负责的行为。事实上，任何道德诫令、道德规劝，都必须在转化为个人"主观"内在的责任时，才能得到忠实的履行。一句话，道德教育的最终归宿就是引导学生成为"责任者"。

　　在中国，责任教育曾是学校教育的重要内容和道德教育的主要目标之一。以儒家伦理思想为代表的东方伦理素有关注人的责任的传统。孔子的"当仁不让"，孟子的"舍我其谁"，张载的"为天地立心，为生民立命，为往圣继绝学，为万世开太平"，范仲淹的"先天下之忧而忧，后天下之乐而乐"，顾炎武的"天下兴亡，匹夫有责"，

---

① 国际 21 世纪教育委员会：《教育——财富蕴藏其中》，联合国教科文组织总部中文科译，教育科学出版社 1996 年版，第 47 页。
② 联合国教科文组织国际教育发展委员会：《学会生存——教育世界的今天和明天》，教育科学出版社 1996 年版，第 6 页。

无不显示着先哲们对国民责任的崇敬与向往。培养学生高度的社会责任感，也一直是我国传统道德教育的核心任务，成为中华民族优秀文化与教育传统的一个突出特点之一。然而，如今，我们的学校道德教育出现了某些"病症"，学生的道德涵养、品格修养、品德行为已今非昔比，各种"反道德"和"不道德"的现象频频见诸报端，成为人们诟病的主要口实。道德教育实效低下，已成为不争的事实。一个主要的原因，就在于我们的学校教育特别是道德教育缺乏有成效的责任教育，甚至责任教育已经被学校教育所"遗弃"了。然而，人们不禁要问，为什么我们的道德教育没有培养出真正负责的人呢？或者，正如杜威的诘问，就社会而言，为什么相对少数的人可以控制其他绝大多数人的行为和命运？——因为绝大多数人不知道如何承担责任，或者拒绝承担责任；他们不能预料自己的行为的后果，因此把决定权交给了一小撮人，由他们来管理世界事务。这就是为什么全世界有这么多的人对少数权势人物惟命是从的原因。正是这种对责任的放弃延缓了民主的发展进程。没有人愿意受人控制，但事实是千百年来绝大多数人都是在少数精英的控制之下。大多数人认为他们重视自由，但实现自由需要付出比他们所情愿得多的努力，他们说他们向往自由，但他们又不愿意付出代价，因此他们只能放弃自由。换句话说，他们实际上宁肯受制于人，也不愿意付出努力，做出牺牲，求得自由。就学校现行道德教育而言，目前盛行的以独断专行的判断为基础的方法是无法培养负责的人的。在学校中，责任仅仅掌握在教师手中，教材是唯一认可的知识来源，学生可以允许做的事情只是重复或默写老师或教材教给他们的教条，他们没有机会或者学校也不鼓励他们把所学知识运用到有意义的情境中；对他们来说，根本不存在任何实际意义上的自由选择的行为，以及对结果的预料，没有进行独立自主的判断的机会；缺乏身体力行的机会，他们如何培养做这些事情的能力？怎能期望学生践履高尚的道德行为？怎能期望学生能对自己的行为后果负起道义上的责任？学校，如果拒绝为学生提供实践和培养责任能力的机会，实际上就是在教学生不负责，或者学校放弃了教育学生学会负责的责任。尽管听起来有些刺耳，但"不负责任"恰恰是传统学校为学生提供的各种"教育"的必然逻辑后果。

第二节　文献综述

如前所述，道德责任教育，无论是在社会生活领域，还是在道德教育理论和实践领域中，都不是一个陌生的概念。虽然人们一度冷落了对责任的探究及其道德教育意义的转换，但道德责任问题从未完全淡出过人们的思想视线。为了借鉴和吸纳前人的研究成果，同时也是为了避免重复论说，有必要考察既有的与道德责任、道德责任教育相关的文献。根据我们的目力所及，与本书有关的研究成果大致包括如下几个主要方面：

关于道德责任的研究。道德责任是本书的一个基本范畴，故而，本书的文献综述就以关于道德责任这一范畴的相关研究为起点。伦理学中关于道德责任范畴的论说是相当全面且充分的，古今中外的很多学者甚至专门以此为题著书立说，或者将其作为关注的重要问题，如古罗马思想家西塞罗的《西塞罗三论·论责任》、德国哲学家康德的《道德形而上学原理》、意大利思想家马志尼的《论人的责任》、国内学者程东峰的《责任论》等。尽管他们关于道德责任的论说见仁见智，但不可否认，道德责任是伦理学研究无法回避的一个话题，因为它是人之为人的根本规定性，对个人与社会的生存、发展、完善有着不可或缺的重要意义。从本书的主题即学校道德责任教育的视角来加以选择，论文主要对道德责任这一范畴的内涵、意义、分类进行了考察，突出了道德责任与自由这一矛盾范畴。道德心理学中也有论及道德责任，这方面的研究，首推瑞士心理学家皮亚杰，主要研究成果体现在其《儿童的道德判断》一书中。他主张道德责任是一个发生、发展的范畴，并提出了客观责任和主观责任的概念。此外，美国心理学家约翰·马丁·费舍和马克·拉维扎合著的《责任与控制——一种道德责任理论》，从"控制"入手，对道德责任的内涵和归因进行了研究。上述研究成果对于我们合理地理解道德责任的本质含义及其道德教育意义提供了较为充裕的理论资源，但这些研究大多囿于某一专门学科的独立思考，对学校道德责任教育的启示则鲜有论及，需要予以系统梳理与思想转换。

关于道德责任之可能性的研究。单纯对道德责任这一伦理学范畴的理解，并不足以自然而然推导出关于如何教人负责的研究结论。其间横亘着两个主要问题，其中之一是道德责任的可能性问题，这是本书立论的重要理论前提之一，其论证是否充分，直接影响后续的学校道德责任教育的立足及运行。因之，就必须对"道德责任何以可能"这一根基问题予以基本的揭示与论证。基于此，本书主要从伦理学、心理学和社会学三个维度对道德责任的可能性问题进行了考察。其中，伦理学的论证从人的自由意志的存在本质入手，集中考察了马克思主义伦理学、以萨特为代表的存在主义伦理学、以康德为代表的理性主义伦理学的不同见地，并对自由与责任这对基本矛盾范畴的关系作出了我们自己的理解。尽管不同学者对自由的本质理解不同，但他们都肯定了自由是道德责任的前提和基础，人有自由选择的能力，就应该为自己的选择负责；只有基于自由的道德行为，才能进行道德责任的评价。心理学的论证主要以认知道德心理学家皮亚杰的思想为依据进行讨论。皮亚杰从个体发展的微观领域，深刻地揭示了道德责任在个体身上发生、发展的过程和机制，他主张道德的发展就是道德判断的发展，而道德责任最显著地体现了道德判断的发展特征，所以他从道德责任入手，来研究儿童道德的发展。他主张道德责任不是先天秉承的自然展开，也不是纯粹后天学习外铄的结果，而是主、客体相互作用、从无到有、不断发生、发展的，经历了客观责任和主观责任两个阶段，主观责任的产生标志着真正的道德的出现。协作而不是强制是促进这一发生、发展过程的根本因素，因为协作意味着理性、自由，意味着平等的交往，在这个意义上，协作与伦理学所强调的自由是一致的。相对于以上两个领域的研究，社会学关于道德责任的专门研究极为少见，这给道德责任教育的社会学考究带来了困难。本书主要参考道德教育社会学代表人物涂尔干以及美国当代著名道德哲学家尼布尔的思想，尝试进行人的道德责任之所以可能的社会学推究论证。鲁洁教授在《关系中的人：当代道德教育的一种人学探寻》一文为本小节的研究提供了有益的启示，即从人作为社会人的关系性存在入手，探究道德责任的可能性。马克思主义伦理学肯定人在本质上是社会关系的总和，人与社会不可分割的利益关系成为道德责任的必要性的来源，人基于对这种必然性的自觉认识和自由选择，使得承担道德责任成为可能。其他重要参考文献主要来源于涂尔干的道德教育社会学思想和尼布尔关于人的社会性以及社会强制之于个体和社会道德发展的作用的阐述。其中，涂尔干的道德教育社会学研究，基于功能主义的立场对道德的规范性、控制性、社会性进行了深刻的研究，对道德教育这一社会现象所内含的纪律精神、自律精神等进行了邃密的揭示，对道德教育的社会化目的进行了独辟蹊径的考证。美国基督教哲学家尼布尔在其所著《道德的人与不道德的社会》一书中，主张人是有理性和社会性的存在，理性使其能控制自己的自私冲动，并向善、为善，但不足以确保个体抵制社会群体的自私冲动，从而把一己之善扩大到更加广泛的社会领域中。而社会性冲动则使人天生就有同情心，并且关怀他的同类。理性与社会性构成了人的道德能力的基础，比较而言，社会性更加深刻，它使个体可以超越自我而着眼于更加广泛的社会责任。但由于人的理性自身的局限性，为了促进个体道德与社会道德的发展，除了依靠宗教和理性的力量外，还必须引进社会强制。

关于道德责任是否可教的问题，目前鲜有直接论证。但关于道德是否可教，却是伦理学和道德教育领域一个纷争无终的话题。换个角度思考，道德责任是道德的下位概念，解决了道德是否可教的问题，道德责任是否可教的问题，自然也就迎刃而解。关于道德是否可教的问题，是一个众说纷纭而至今尚未圆满解决的问题。道德不可教论者的代表性观点有：以卢梭代表的，从人性论出发，主张人的品格的发展是顺其自然、自动展开的过程，任何教育都是对人性的压制，只会阻碍的人的自由发展；以杜威为代表的，主张道德不同于知识，道德的学习是一种体验的过程，所以道德的培养不能通过直接的道德知识的教学来实现。道德可教论者主要有以苏格拉底为代表的理性主义主张，认为道德也是一种知识，知识可教，所以道德可教；亚里士多德认识到道德知识与一般科学知识的区别，主张道德是一种技能，技能可教，所以道德可教。当代一些学者如国内道德教育专家朱小蔓、檀传宝、美国道德教育哲学家威尔逊等，从"新性善论"出发，肯定人具有先天的道德禀赋，具有道德学习的能力，所以人有接受教育的前提，而且也需要教育加以引导，问题的关键在于他们对道德之"教"的内涵有了新的理解。山东师范大学 2006 届硕士研究生王囡以此作为其硕士论文的选题，其硕士论文《论道德教学的可能性及其限度》，既大量呈现了关于本问题的既有研究，又以清晰的思路明确提出了自己观点，对本书在此问题方面的阐释提供了重要的参考和启示。如何统合各种观点，透析分歧的本质所在，科学理解道德及道德责任可教和其"教"的内涵，成为本书重点解决的问题。

对上述相关论题的考察，都是为了服务于本书的主题：学校道德责任教育的理论与实践。虽说国内道德教育领域少有关于道德责任教育的系统研究，但近几年在一些学位论文及不同地区、不同层次的课题研究中，关于道德责任教育的讨论也有所涉及，其中的一些见解对我们的思考颇有借鉴意义。最值得一提的是南京师范大学 2006 届博士毕业生崔欣颀以《学校责任教育论纲》为博士学位论文题目，以人的责任存在方式为主线，从道德责任到学校责任教育，对学校责任教育的体系构建进行了逻辑严谨的探究，其见解独到、深刻。另胡卫

（现任上海市教科院民办教育研究所所长、协和幼教集团法人代表）1993 年受联合国教科文亚太地区办事处委托，承担了联合国教科文的"基础教育中的人道，伦理/道德，文化价值教育"课题，在 1994 年第 2 期《教育研究》上，发表题为《学会负责》的课题研究总报告，提出了"学会负责"的定义：学会负责，是学习和做到在做出满足自己需要和愿望的个人决定时，对自己、对他人、对社会，以至对影响人类生存的生态环境等有全盘考虑并承担起应有责任。这是到目前为止，学界引用最多的一个定义。

　　关于道德责任教育与道德教育的关系，有很多学者也有所谈及，并提出了不同主张，如"目的说""重点说""底线说""深化说"等。南京师范大学鲁洁教授与王啸在 1999 年第 8 期《中国教育学刊》上撰文《德育理论：走向科学化和人性化的整合》，认为责任教育是主体性德育理论的深化，构成了当代道德教育的一个重要趋向，文章对道德责任与意志自由的统一关系进行了概要论述，在批判传统道德灌输的基础上，倡导只有尊重学生作为道德主体自由，培养责任者，才是道德教育的根本所在。华东师范大学叶澜教授在 2001 年第 9 期《教育研究》上撰文《试析当代道德教育的基础性构成》，认为道德不仅关系到社会各种利益关系的维系和调节，而且直接关系到每个人如何处世、行事和立身的"为人"之事。上述三方面构成一个有着内在相关性的结构体系。在此框架内，针对当今中国社会的发展需要，当前道德教育内容的基本构成应体现为：以"诚实守信"为核心的"为人之德"；以"责任心"为核心的"为事之德"；以"爱国"为核心的"为民之德"，以"热爱生命，追求自我完善"为核心的"立身之德"，并突破了把责任看作某种约束或强制的惯常理解，认为责任感能催生智慧和能力，负责不仅仅是对成人或从业人员的要求，而是对每个人在人生的每个阶段都应有的共通性道德要求，尤其强调少年儿童责任感的培植。

　　较之道德责任教育的基本理论研究，来自一线的教育实践似乎更加活跃。如班华教授主持的教育部人文社科重点研究基地项目"当代学校德育模式建构的研究",其阶段性成果之一就是《"学会关心"与责任生成》,该文作者宋晔从人的关系性存在出发,提出关心是对关系的发现、关系的认同、关系的情感化,关心可以导致责任的自觉,学会关心与责任生成具有内在逻辑的一致性。在学会关心的德育模式下,学生能够体验到自我与非我的内在联系,体验到个体存在对整个生态系的依赖,也就能够使学生自然生成一种对自己、他人、社会、人类生存状态普遍关心的责任意识和完成责任行为的责任能力。其他还有安徽皖西学院科研处程东峰教授主持的青少年责任意识形成研究、广西柳铁一中的《中学生责任教育研究》、浙江大学附属中学课题组的《高中生责任感培养的实施系统构建》等,这些课题的研究成果从不同角度为道德责任教育的实施提供了有益的借鉴。

国外与道德责任教育相关或类似的研究,更加侧重于实践。当代品格教育的代表人物里可纳(Thomas Lickona)的《品格教育:我们的学校如何教授尊重与责任》(*Education for Character*: *How Our Schools Can Teach Respect and Responsibility*,1991 年版,曾获 1992 年克里斯托弗奖)一书用整章的篇幅,集中陈述了教授责任的具体方法。另一个对我们有启发的研究是美国公民教育中心关于责任的专题研究,该中心专门就责任问题,组织了大量科研力量,编制了《责任——公民教育培养方案互动教学策略》,该教学策略的最大特点是实践性强,针对基础教育领域小学、初中、高中学生的不同特点,分别推出不同的教学内容、教学策略,以便于实际操作。该研究对我们思考道德责任教育的实践策略有重要的参考价值。

如上相关研究从不同学科、不同角度对道德责任及道德责任教育问题进行了较为深入细致的探讨,这些探讨为本书的思路、视角、方法乃至观点采择等提供了有益的启示。然而,鉴于既有研究在对道德责任之可能性的论证、学校道德责任教育的基本理念的理论构建方面的研究的相对缺乏,这给我们如何将这些研究资源、成果进行合理转化带来了较大的困难，同时也成为本书着重探讨的两个问题。

第三节　研究目的

　　道德责任是伦理学上的一个永恒范畴，是人们日常生活中的一个绕不开的"情结"，自然也是学校道德教育不可规避的永恒话题。但有时我们讨论最多的，恰恰不是我们做得最好的，或者，恰恰是因为我们没有做好，因而需要进一步予以讨论。比照道德哲学领域之关于道德责任的一贯而深邃的探索，反思社会各领域关于责任问题日益广泛的关注，对道德责任这一现代社会发展和人类生活的主题，道德教育罕见相关的、有见地的理论研究。国内虽然经常有论述该问题的文章散见于报刊杂志，也有某些教育机构或学校开展了关于道德责任教育的课题研究，但作为一种原本具有根本意义的道德教育努力，既有研究经验描述多于理论剖析、忧患意识多于探寻出路，对于责任及责任教育之重要缺乏寻根问底式本质探讨，没有形成应有的系统构架，发挥由点及面的辐射作用。这本身就是道德教育缺乏道德责任的表现。

　　本书最基本的研究目的在于，希望通过道德哲学、道德心理学、社会学关于道德责任问题的较为系统的梳理，阐释道德责任以及学校道德责任教育的理论意义与实践意义；希望通过考察道德责任发生的渊源和发展的机制，昭示道德责任之于人、之于生活的终极意义，并通过总结当前道德责任教育实践的经验，尝试为实施道德责任教育、革除既有道德教育体系的积弊、提高道德教育的实效提供理论指导和实践建议。我们以道德责任教育作为研究的论题，并不是期望对既有道德教育体系的积弊进行彻底清算并取而代之，只是希望为扭转道德教育过于意识形态化的理念模式、切实提高道德教育的实效，提供一种可供尝试的选择，并力求探究道德责任、道德教育之于个体德性丰满、品格完善的现实意义与实践价值。

第四节　研究方法

　　本书属于理论研究。整体研究大致可以分为两种性质的过程：一种过程是考察或曰"述"，包括对道德责任的内涵、意义，道德责任的个体发生机制、在人类社会中发生、发展的历史考察和对已有的道德责任教育努力的横向考察，当然这种历史考察不可能成为真正意义上的追溯历史，而是以人类发展的事实为依据，通过查阅有关文献和对既有观点的梳理，做出合乎逻辑的推理。因为主题的嬗变并不完全附着于时间，而是有其独特的发展逻辑。另一种过程是立论或曰"作"，考察是为给后续研究提供启示和借鉴，否则"述而不作"只是知识消极无用的累积。这种作，要合理援引道德责任发生机制的教育意义，又要在甄别、筛选、总结的基础上，探寻道德责任教育的实践策略。交错运用分析与综合、归纳与演绎，既可以防止重复论述，将既有定论当作新问题，同时又尊重命题本身的逻辑体系，通过合理的推理，阐发本书的主张，这样研究才能浑然一体，论证才能合理有力。

　　此外，从多学科角度研究道德教育已成为当代道德教育研究的普遍趋势和重要特点，其中以道德哲学与道德心理学的结合最为突出。就本书而言，道德哲学关于自由之于道德责任的前提和基础的论证，为道德教育提供了"应该"如何的理念指导；道德心理学关于道德责任的个体发生机制的杰出揭示，为制定道德责任教育的实践策略准备了事实资料，增强了道德责任教育方法的说服力，同时在一定程度上加强了本选题作为纯理论研究的说服力，使论证更加完整，弥补了其引导实践能力的不足；道德社会学的论说，则使我们摆脱了就教育论教育的片面性，能从更加广阔的视域中，客观审视学校在教育中的作用及其有限性，学生在根本上是社会人，学校不应也不能忽视社会对个体道德责任生产的作用。

需要指出的是，道德责任教育本身，就像道德教育一样，其概念、内涵、功能等都不是确定无疑的，而是充满了各种不同的声音与争论。只有澄清人们关于道德责任教育问题的各种质疑和误解，阐明应有的理念，道德责任教育才有说服力，才能转化为有生命力的实践。就本书而言，不是一种学究式的深奥理论，相反，它力求通过最平实的语言向人们传达一种信念：我们是相互依存的，因而我们每一个人的发展有赖于他人和整体；我们对于自己所做的一切都负有不可推卸的个人责任，因而我们要学会慎重地选择和行动。这就是我们通过本书想要传达的基本理念。

第五节　研究框架

本书以追问的方式，划分为六章。其中前三章"何谓道德责任""人何以要负责""人要负何种责任"是本书中理论研究的基本组成部分，得出的基本结论是：所谓道德责任，是社会个体基于对自身作为关系性存在和所占有的社会角色的发展性认识，根据一定社会的道德价值体系，自觉践履各种道德要求的道德行为能力，以及对自己的行为后果的善、恶的承担。人之所以要负责，是因为道德责任是人之为人的根本规定性，是个体和人类社会生存、发展、完善的自由选择，对个体而言，是工具性价值和目的性价值的统一。道德责任的内容随个体生活的展开呈现出层次性特征。

第四章"人何以能负责"、第五章"学校何以能教人负责"是联结道德责任这一范畴和学校道德责任教育的理论与实践的两个关键问题，因此也成为本书的重点。因为只有解决了这两个问题，才能合理阐发道德责任的内涵中强调的人的关系性存在、自由和主动体认、主动实践、主动负责的能力的教育价值，才能把道德责任的内容的层次性特征推演到学校道德责任教育的理念和实践中。本书主张，道德在个体身上是发生、发展的，自由是责任的前提和基础，责任出于自由。就实践而言，协作是促进道德责任发生、发展的根本原因，协作在本质上就是自由。同时要注意，人总是社会中人，因此不能忽视现实社会关系之于道德责任培养的作用。道德责任不但可能，而且还可教。关键要正确理解道德之"教"的内涵，超越把"教"简单等同于道德说教、道德灌输的狭隘、片面理解，承认道德和道德责任的养成是一种自主发展的过程，道德教育是对这一过程的必要引导，肯定其有别于一般知识教育的特殊性。

第六章，在前面五章有关结论的基础上，阐发了学校道德责任教育的一般理念，并对实践策略提出了建议。首先是"学校道德责任教育"的内涵：学校道德责任教育，就是在学校中进行的旨在教学生学会负责的，以自由为基础的，有目的、有计划、有组织的各种教育影响活动过程。然后对传统道德教育模式、激进主义道德教育模式和品格教育模式进行历史考察，在此基础上，阐明了学校道德责任教育的一般理念，并对实践操作提出了几点建议。学校道德责任教育原本就是学校道德教育的应有之义，富有实效的道德责任教育，应以教学生学会负责而不是循规蹈矩为目的，为此就必须尊重学生的自由，把培养学生的道德选择能力作为重点。具体到实践中，就要重视创设一种尊重自由、提倡自律的氛围，培养学生对现实责任问题的责任判断和推理能力，通过组织真正属于学生自己的活动和协作，循序渐进地对学生进行责任教育，同时还要注重学校与各种社会力量的协作，共同培养真正负责的人。

本书力图在关照现实、服务现实的基础上，进行道德责任以及学校道德责任教育的理论研究。但鉴于研究者理论素养的单薄和实践经验的缺乏，对道德责任教育的诸多重大理论问题特别是关于道德责任教育的实践层面的建构与推论仍有所欠缺。而且在如何寻找一个合适的切入点、确定一条主线，使其一以贯之、条分缕析地将既有的相关研究成果有机串联起来，仍存在不少理论困惑。我们由衷地希望更多的学界同仁加入到道德责任教育问题的讨论中来，以使本书的研究能够早日取得有价值的理论成果，从而为我国的道德教育改革与实践提供一种有效的理论启示与实践指导。

第一章　何谓道德责任

　　概念或范畴是任何研究或学科的基本逻辑起点与前提。特定的范畴标志着特定的研究主题。许多学术上的争议，并不完全是思维方式、研究结论的不同，而是出发点的分歧：对研究对象之基本概念理解的差异导致了看似一个起点、实则多种方向的理解等现象的发生。如果不首先明确界定所要进行的研究的出发点和范围，那么所谓的学术交流和探讨，无异于各说各话，自言自语。所以"对于任何问题的每一系统阐发都应当从下定义开始，这样每个人才能了解讨论的究竟是什么。"① 我们探讨道德责任教育问题，首先地，也要从范畴的视域框定本书的两个基本概念：道德责任；道德责任教育。然后才能循此进一步讨论责任之于人的发展的价值、学校道德责任教育的可能性与现实性等问题。就本书而言，出于逻辑的考虑，我们将循着何谓道德责任、何以要负责、负何种责任、何以能负责、道德责任何以可教、学校道德责任教育如何进行的研究思路，层层推进，由外及内，由表及里，最后进至"学校道德责任教育"这一核心主题上来。这样，我们就必须从分析道德责任的本质含义入手，来开始我们的"思想苦旅"。这一章拟主要解决两个问题：何谓道德责任；道德责任与相关概念的逻辑关联。前一个问题是后一个问题的逻辑前提，也是决定本书所有其他问题的最基本、最核心的问题；后一个问题是前一个问题

---

① ［古罗马］西塞罗：《西塞罗三论》，徐奕春译，商务印书馆1998年版，第92—93页。

的逻辑延伸。

第一节　道德责任的内涵

　　道德责任既是伦理学中的一个古老而关键的范畴，也是日常生活中的一个现实而紧迫的问题，它实实在在地存在于平常人的日常生活中，无论学者还是老百姓，都能对其道出一二。恰恰因此，才更难对其做出一个具有一定"公度性"或普适性的定义。诚如德国当代著名应用伦理学家奥特福利德·赫费（Ottfried Hoffe）在《作为现代化之代价的道德——应用伦理学前沿问题研究》中耐人寻味的思考："由于'责任'这个术语在学术界已经流行开来，它的语义出现了可怕的模糊性，这种模糊使得几乎让每个人为一切负责成为可能。同时退居其次的是这个问题：在道德化的方向上，这个术语是否已经包含有一个预设立场。"① 然而，对本身就蕴含着责任的道德责任教育问题的探查乃至整个德育理论的研究而言，在承认责任作为前提或基本原理之前，就必须以澄清"责任"这个概念开场。我们的考察将从两个相互关联的层面展开：（1）关于责任的内涵的理解；（2）伦理学视角的责任即道德责任的内涵。

一　责任的内涵

　　责任，是现代社会使用越来越多的一个词语，可以说，责任无处不在，无时不在。责任与我们的经济生活、政治生活、文化生活、家庭生活乃至私人生活的关系，已像空气和水之于我们的生命那样，须臾不可或缺。我们生之为人，一个处于现代社会中的人，我们基本的

---

　　① ［德］奥特福利德·赫费：《作为现代化之代价的道德——应用伦理学前沿问题研究》，邓安庆、朱更生译，上海译文出版社 2005 年版，第 12 页。

衣食住行，都有赖于自己和别人的责任来维系。同时我们又构成了他人赖以生存、发展的责任主体。因为人在本质上是各种社会关系的总和，人的现实生活也不可能脱离种种关系的规约而自行其是。而责任，恰恰是各种关系的纽结。"我"借助于责任这样一种纽结，才可以附着在社会之网的某一个点上，不至于脱离社会；社会借助于这些纽结，才得以良性运转，有序运行。

关于责任之概念的界定，通常有各种不同表述。人们日常生活中使用的责任概念，也有着很不相同的含义。粗略地看，可分为这样几种情形：（1）某人承担着某种责任；（2）某人被牵扯到某种责任事件或行为之中；（3）某人以某种行为来偿还、弥补某种过失①。而这些情形都关涉自身与他人的某种关系。而不管哪种意义上的责任，也都可以作顺序地排列或划分，如首要责任、次要责任、连带责任，等等。这预示着责任问题的复杂及把握的难度。

根据现代汉语词典的解释，在大多数情况下，责任指由于没有做好分内应做的事而应承担的过失，常见于对各种事故后果的追究中，通常表述为"应负的责任"，强调了责任作为行为后果的属性及范围；除了这种狭义的理解，责任还意指"分内应做的事"，通常表述为"应尽的责任"，强调责任的过程属性，如国内学者程东峰认为"责任是行为主体对在特定社会关系中定在任务的自由确认和自觉服从。"② 还有学者侧重于责任这一概念本身的属性，如美国实用主义哲学家、教育家杜威直言："义务就是'职责'，它就是为完成一种职能所需要的特殊行为，或者，用朴实的话说，就是做好他的工作。"③德国著名政治学家伦克（Hans Lenk）与法兰克福大学的罗泊尔一起，

① ［德］奥特福利德·赫费：《作为现代化之代价的道德——应用伦理学前沿问题研究》，邓安庆、朱更生译，上海译文出版社 2005 年版，第 12—13 页。

② 程东峰：《责任论》，中国林业出版社 1994 年版，第 15 页。

③ ［美］杜威：《民主主义与教育》，王承绪译，人民教育出版社 1990 年版，第 372 页。

对责任概念的类型、性质和形式等进行了系统分析。伦克指出，责任概念是一个多关系的、结构性概念，一个复合概念，一个关系范畴，它至少包含了五项要素，并据此把责任定义为：某人为了某事在某一主管面前根据某项标准在某一行为范围内负责。其中的五项基本要素包括（1）某人：是指行为主体，即责任主体。责任主体首先是指作为个体的人。在当今的科技时代，人类团体性、整体性的行为已经扮演着越来越重要的角色。与此相适应，行为及责任主体的概念也就由个体扩展到团体，即不仅个体是责任主体，而且团体或整个社会也是责任的主体。而作为团体或社会的行为主体也同样能够满足作为责任主体的行为者应当满足的所有先决条件，具备作为责任主体的行为者应当具备的所有基本特征。特别需要指出的是，团体及社会责任与个人责任有关，但决不可简单地化归还原为个人（特别是主管个人）的责任。（2）为了某事：某事是指行为对象（人或物或事件或任务）及行为后果。（3）在某一主管面前：所谓主管是指通过评判与制裁的方式为责任主体责任的履行提供有效保障的责任的监督机制。这种监督机制可分为两种类型：主观类型是指行为主体的个人良心，客观类型是指上帝、社会、人类、法庭、媒体等。（4）根据某项标准：这取决于行为主体所处的具体情境，或者说具体行为与具体的行为人的关系。（5）在某一行为范围内：指相应的行为与责任领域，如政治、经济、法律、道德等①。通过以上对责任概念的不同考察，我们可以总结出责任的一些共同的基本属性。首先，责任是一个社会概念，是人之存在的基本的社会规定性。人总是要在社会中占据一个位置的，社会也因此对处于某一位置上的人具有某种期望。这种期望或是有形的，以法律条文或合同的方式给予明确规定；或是无形的，以社会舆论方式产生一种软性约束，个体对这种约束的内在体认和践行就是

① 王国豫：《德国技术哲学的伦理转向》，http://www.aecna.com/dispArticle.Asp?ID = 1000。

责任。

其次，关于责任主体，西方很多学者自 20 世纪 80 年代开始，就对个人责任（Individual Responsibility）和集体/团体责任（Collective/Group Responsibility）展开了相关研究，在此问题上，尚存在分歧（如德国人是否对历史上纳粹党的暴行负有责任）。虽然集体/团体责任不能简单还原为个人责任，二者有不同的责任内容、评价标准等，但不可否认的是，个人责任无论对于集体还是社会而言，都是更加基本的、更加切近的，我们所关注的也主要是个人责任；

再次，责任确认的基本前提是自由，意即某人的确做出了某种行为，而且这种行为是自由确认、自主实施的；

最后，责任的性质问题。我们经常看到或听到其他与责任相近或相似的概念，如责任心、责任感等。它们暗含了关于责任性质的不同角度的思考，如认为责任主要是一种信仰，或是情感，或是客观的主体行为后果等。但本论文倾向于把责任看作一种行为能力。

从上述关于责任的界定也可以看出，无论是对自己因为社会角色而承担的社会期望的确认，还是对自己行为后果的承担，最终都要落实到行为上。虽然我们不能单纯从行为表面来判断某人是否真的负责，但如果某人或对自己的职责如数家珍，或对行为后果喏喏称是，如此敏于言、讷于行，我们就能说他是负责的吗？总之，我们认为，责任，就是个体因为承担一定的社会角色而对相应的社会行为要求的体认并付诸行动，以及对行为相应后果的承担。

另一个值得注意的问题是，责任在日常生活中经常与义务交替使用。但从二者各自的旨趣而言，责任和义务还是有着严格而细致的区分。义务，就其作为社会关系中一种客观强制性的体现而言，的确与责任有很多重合之处。义务主要有三种含义，一是公民或法人按法律规定应尽的责任，二是道德上应尽的责任，三是不要报酬的。从语义上辨析，二者有一个根本的区别：责任比义务的涵盖面宽，责任含有承担过失惩罚的意思，义务则没有这一规定，在这一意义上，责任是相应义务没有得到履行的后果。严格区分责任与义务并非本章的主题。在伦理学的历史研究中，或者因为翻译的缘故，或者由于研究者本人偏好的问题，大多也没有作详细区辨。如果不作特殊说明，本文在做历史考察时，姑且认为古往今来的学者关于义务的见解，同样适用于责任。

二　道德责任的内涵

在内涵上，责任更多的与道德相联系，责任是道德的有机组成部分。人们常说的道德责任即是从道义上对自己负责的表现。道德责任是道德主体自觉意识到的道义规定或正义担当。一个人无论何时都须有责任意识，对国家、社会、集体、家庭、他人、自我负责，等等。无论是对何种对象负责，都有一个责任的自觉、程度、水平的问题，这就必然关涉到道德责任的问题。有道德，必须有责任。强烈的责任意识以及对责任的担当，是一个人德性修养的反映，是迈向挺拔的道德人格之必由路径。责任是道德的阶梯；道德责任是通达德性幸福的中介与具体表现。确如德国伦理学家石里克所言："对责任的感觉是假定了像是我自己的欲望驱使我那样自由地行动。如果因为有了这种感觉，我就情愿因行为有过错而受到责备，或进行自责，并因此承认我可以按另外一种样子行动，那么这就表明其他的行为也是同意志律相容的——当然也就承认有其他动机了。"① 道德责任的研究贯穿了伦理学发展的历史。关于道德责任的内涵也出现了种种不同的理解。这里不妨择其一二，以为我们的认识、分析和理解开阔思路。

我国伦理学家冯契先生在其主编的《哲学大辞典》中解释到："道德责任（Moral Responsibility）是人们对自己行为的过失及其不良后果在道义上所承担的责任。在西方伦理学史上，与人的意志有无自

---

① ［德］石里克：《伦理学问题》，张国珍等译，商务印书馆1997年版，第139页。

由的问题密切相关。"① 我国当代著名伦理学家罗国杰先生在其主编的《伦理学名词解释》中认为,"道德责任是人们对自己行为的善或恶所应当承担的责任"②。

古希腊著名哲学家西塞罗认为:"干什么事情都不应当过分仓促或草率;我们也不应当去做任何自己说不出充足理由的事情。实际上,这两句话就是责任的定义。"③ 苏联伦理学家伊·谢·康在《伦理学辞典》中认为,责任心是"从一个人实现对他提出的某种道德要求的观点出发,说明个人对社会所持态度的一种伦理学范畴。如果说,一个人的义务是认清道德要求,把他们用于所处的环境,并基本上实现这些道德要求,那么关于这个任务完成的程度如何或者有没有完成任务时一个人有过错(罪过)的程度如何的问题,就是个人责任心的问题。道德责任问题归根到底是一个人的实际道德自由的问题"④。

德国现代伦理学家包尔生认为,责任即"为了解决不同的生活问题而确立的有目的的行为类型。它们有助于保存创造它们的社会整体,有助于作为整体成员的个体的正常发展"⑤。

法国生命哲学家柏格森认为,责任就是根据"社会对我们的要求"或"对我们的压力"而产生的行为的必要性,而这种必要性并非单纯来源于外在原因,"我们视为人与人之间一种约束的义务,首先约束的就是我们自己"⑥。而培养这种"社会自我"就是责任的本质。

---

① 冯契主编:《哲学大辞典》,上海辞书出版社 1992 年版,第 1608 页。
② 罗国杰主编:《伦理学名词解释》,人民出版社 1984 年版,第 129 页。
③ [古罗马] 西塞罗:《西塞罗三论》,徐奕春译,商务印书馆 1999 年版,第 137 页。
④ [苏联] 伊·谢·康:《伦理学辞典》,王荫庭、周纪兰、赵可、邱濂译,甘肃人民出版社 1983 年版,第 266—267 页。
⑤ [德] 弗里德里希·包尔生:《伦理学体系》,何怀宏、廖申白译,中国社会科学出版社 1988 年版,第 296 页。
⑥ [法] 亨利·柏格森:《道德与宗教的两个来源》,贵州人民出版社 2000 年版,第 7 页。

法国另一生命伦理学家居友则认为："义务①可以归结为对一种确定的内在的并自然高于所有东西的力量之意识。……从事实的观点来看，……义务是一种超丰富的生命（a superabundance of life），这种生命要求实践，要求将它本身给予别人。"②

法国存在主义哲学家萨特认为，责任的原意是"作为对一件事或一个客体的无可争议的原造者"③。它是世界存在的工作者和主人，也是守护者和承担者。

近代理性主义伦理学的代表、德国古典哲学创始人康德是研究道德责任的集大成者。他第一次把责任置于伦理学的核心地位，初步构建了义务伦理学的框架。他从纯粹理性主义的观点出发，否认了任何以利益、经验或神的意志来界说责任的尝试，认为道德责任是"按照客观规律确定的意志"，"就是由于尊重规律而产生的行为必要性"④。是人的一种必要的自我强制和约束，是从先天善良意志发出的绝对命令。一个人不仅应根据义务而行动，而且必须为尽义务而尽义务。这种行为体现了道德责任的强制性与严肃性，彰显了道德规律的纯洁性与普遍性。

综上所述，可以发现，关于道德责任概念的历史考察，基本涉及了道德责任这一范畴的下列特征。

首先，关于道德责任的主体。所谓道德责任的主体，意即我们可以将某种期望实现的道德行为或某种具有道德评价意义的行为后果归因所指向的对象。没有学者认为除人之外的其他生命存在可以成为道德责任的主体，或者说道德责任是人所特有的一种社会现象。就这一点而言，道德责任是人之为人的根本规定性。那么这种主体是何种形

---

① 这里的义务可以借指责任。

② ［法］居友：《无义务无制裁的道德概论》，余涌译，中国社会科学出版社 1994 年版，第 91 页。

③ 万俊人：《现代西方伦理学史·上卷》，北京大学出版社 1992 年版，第 256 页。

④ ［德］伊曼努尔·康德：《道德形而上学原理》，苗力田译，上海人民出版社 1986 年版，第 50 页。

式的人？是个体，抑或群体如某个机构、某一阶层、某个国家，甚至是全人类？群体是否有道德责任以及负有何种责任？这些问题是西方伦理学界自 20 世纪七八十年代以来广泛讨论的一个问题。他们认为以公司、学校、政府等形式存在的群体人有不同于个体的道德责任，社会乃至人类亦扮演了一个总体筹划者的形象，所以存在集体/团体责任。在中国，虽然此问题尚未引起学界的普遍关注，但我们的确意识到了这个问题的存在。如关于弱势群体的社会责任问题的争论，就反映了群体之于群体责任的现实问题。然而，我们认为，道德责任是基于各种利益关系而产生的道德要求，尽管群体的道德责任并不是个体道德责任的总和，但直接参与道德关系、直接面对种种道德要求、道德要求最终实现的直接载体，都是个体。因此，本文重点研究的是个体所承担的道德责任。

其次，关于道德责任的内容。对于道德责任的内容的理解，同对责任内容的理解一样，存在狭义和广义之分。狭义的理解侧重了道德责任的后果属性或过程属性，认为道德责任要么是与否定性的行为后果相联系的消极评价和惩罚，如"对自己行为的过失及其不良后果在道义上所承担的责任"，要么就是"所应该选择的道德行为"；广义的理解是指对上述两点的统合，即道德责任是指自己选择的道德行为及对其后果在道义上的承担，所谓承担行为的道德后果，不仅仅局限于消极后果，对恶的方面承担它的"过"，还包括对行为的积极的社会后果的承担，在善的方面接受它的"功"。本文所采纳的正是广义上的理解。当我们在道德评价的意义上说某人是一个"负责的人"或"不负责的人"时，我们使用的正是广义上的理解——即责任的意图或动机与其后果的统一。不仅应当考虑指导责任行为的道德动机与意图，而且应关注与意图相对应的行为的后果及其对主体的道义责任。诚如德国著名哲学家、现象学家马克斯·韦伯的思考："他（即道德责任的主体——笔者注）不会以为自己所处的位置，使他可以让别人来承担他本人的行为后果——如果他已预见到这一后果的话。他会说：这些后果归因于我的行为。"① 将道德动机与行为结果作为整体串联起来，成为个体践行道德责任的重要内容与评价参照。个体的道德自由总是意味着道德责任。缺乏个人责任自觉与反思意识的道德追求不是真正的道德追求。道德教育必须将责任意识作为自身的内容与目标要求。然而，如若把道德责任仅仅局限于对消极道德行为后果的承担，就无法凸显道德责任与法律责任、道德与法的根本区别，更无法体现道德责任之"法由己立"的根本特征。道德责任之所以重要，正是因为它是道德之"应当"的核心体现。这种应当，体现为主体在行为前对自己应该选择的行为的认知、在行为过程中对自己行为的自觉控制、事后对行为后果的体认和承担、对后继行为的警醒或强化。正是在这个意义上，道德责任不仅仅是维持社会秩序的一种软性约束力，而且更是促进社会发展的一种无形而强大的推动力量。值得注意的是，道德责任的内容是不断发展的，对生态环境的道德责任，就是道德责任在当代的一个新发展。这是因为人的实践范围是不断拓宽的，利益关系也随之增多，协调利益关系的道德要求越来越广泛。对个体而言，就是道德责任的内容的不断丰富。

再次，关于道德责任的特征。无论是柏格森的生命伦理学，还是康德的理性主义伦理学，虽然他们关于道德责任的界说存在差异，但他们都承认道德责任的必要性、强制性。柏格森认为道德责任就是约束，而康德认为道德责任就是"行为的必要性"。但他们唯心主义伦理学的立场决定了，当对这种强制性追根溯源时，最终流于虚无和缥缈的抽象存在，如柏格森的"生命之流"、康德的"理性意志"。马克思主张，道德责任绝不是空洞的、抽象的"形式上的善"，而是有具体内容的，它是一定的社会或阶级向该社会成员提出的要求和期望。人在本质上是各种社会关系的总和。个体不是脱离社会的孤立的

_____

① 刘铁芳：《生命与教化——现代性道德教化问题审理》，湖南大学出版社 2004 年版，第 166 页。

存在，他总是处于一定的社会物质生产实践和社会联系之中的。人在各种关系中活动，为了协调这些关系，必然会产生一些共同的要求，这些要求以各种规则的形式被确定下来，也必然要求置身于关系中的个人遵守这些规则。道德责任的真正来源，是作为个体的人，因无法摆脱其社会关系存在的本质，无法摆脱追逐利益的需求和冲突，而自愿选择的"自我立法"。社会并不是外在于人的抽象存在、异己力量。社会是人类在从对物的依赖到人对人的依赖关系的发展中自己选择的生存形式。道德责任就是为了生存和发展而自己加给自己的限制，这种限制有别于人对人的胁迫和法律等社会力量的强制。道德责任的自我强制，与其说是一种规范力量，毋宁说是一种指向不断超越的提升力。

最后，关于道德责任的性质。关于道德责任的性质，有各种不同的理解，如将其看作"态度""意识""意志""约束""行为"或"感情"等。笔者认为，道德责任在本质上是一种道德行为的能力。在理论上，我们可以把道德剖析为认知、情感、意志、行为等不同侧面，但在实践中却不可能如此简单地划分出道德的相应过程。道德绝不是仅仅停留于意识层面的思想实验，而是渗透在实践之中的见之于物的活动。道德的本质是实践精神，道德价值的载体主要是作为道德行为主体的个人的意向行为过程和方向：它不仅要求道德主体应该"知道"，而且要求道德主体应该按照其所知道的原则规范去做；它不仅要求道德主体责任意识水平的提升和行为选择能力的增强，而且要求对道德主体的实践结果的张扬。道德责任作为道德的绝对力量的集中体现，它所包含的"应当"或"应然"，同样不可能指望个体的内部意识或情感过程来实现。道德价值虽然和其他价值一样具有客观先验性和主体情感基础，但它根本上是落实于主体人格的内在体验之中的特殊价值。这种体验产生于并伴随着道德行为的全过程。行为是道德责任产生的根本来源、真正实现的载体、责任评价的最终标准。当我们对一个人作出道德评价时，道德责任既可以是一种道德境界，也

可以是一种个体不断努力向该境界升华的过程。我们强调道德责任是
道德行为的能力，是因为道德责任在个体身上并不是一个全或无的静
止状态，而是不断发展的。道德责任本身随着利益关系和人类意识的
发展而不断发展。随着个体意识和道德关系的不断发展，个体道德责
任的认识和实践水平也在不断发展。而且由于个体本身独特的生理、
心理状况、生活背景、经历等，即使面对同样的道德影响，他们表现
出来的道德责任水平也是不一样的，对此不能进行整齐划一的评价。
因此毋宁说道德责任是道德行为的能力，这种能力表现为对某种道德
情境的敏感和判断能力、调动自己所占有的道德资源采取行为的能
力、对自己某一具体道德行为善恶性质的自觉控制力、行为执行的认
真与否的程度、承担行为的社会道德后果的能力的统一。这一点应特
别加以说明，因为我们时常发现，在现实生活中，人们对有道德的
人，或者对自我和社会负道德责任的人，虽常抱以赞赏，赠其美誉，
但却很少把道德看成处理生活问题必不可少的能力，所以说某人能
干，人们便很羡慕，说某人讲道德，往往并不代表其能力，这是道德
的悲哀，也是人们对道德的误解。当我们说道德责任是一种道德行为
的能力时，就会走出关于人性善恶的抽象讨论，正确评价道德教育在
培养负责的人方面的努力。无论是个体还是教育机构，都不应该推辞
或拒绝培养和发展个体责任意识与能力的"责任"。亚里士多德认为，
德性与一般事物的区别就在于：它不是生成什么样子就是什么样子，
而是"行为者在行动中有个什么样子。第一，他必须有所知；第二，
他必须有所选择，并因其自身而选择；第三，在行动中，他必须勉力
地坚持到底"①。道德责任能力就是学会认知责任、选择责任、履行责
任的能力。能力是可以培养的，道德责任应该而且可以成为道德教育
的努力方向。

---

① ［古希腊］亚里士多德：《尼各马科伦理学》，苗力田译，中国社会科学出版社 1990
年版，第 31 页。

综上所述，我们认为，所谓道德责任，就是社会个体基于对自身作为关系性存在和所占有的社会角色的发展性认识，根据一定社会的道德价值体系，自觉践履各种道德要求的道德行为能力以及对自己的行为后果的善、恶的承担。

第二节　道德责任与相关概念的区辨

从理论上分析道德责任与相关或相近概念的联系，有助于我们进一步明确道德责任的内涵。在这里，我们选择了道德责任与道德义务、道德责任与法律责任、道德责任与道德权利三组概念予以概念的辨析。这些概念在人们的日常话语乃至学术话语中是如此随意、混乱，以至于许多人疏忽了它们的区别，甚至将它们不恰当地等同起来。我们拟尽可能揭示它们之间存在的差异与关联，以帮助我们更好地厘清道德责任的内涵。

一　道德责任与道德义务

在道德哲学中，义务与责任是两个最核心的范畴，也是最难做出逻辑区分的两个范畴。与责任一样，义务构成了伦理学的基本范畴之一，它是"一种以向特定个人提出道德要求的形式反映在道德要求中的社会必要性。换句话说，这是把同等的归之于所有人的那个道德要求变为这个具体的人的、根据他此刻所处的状况和形势而提出的个人任务"①。换言之，义务就是一定的社会基于一定社会生活条件，对个人确定的任务、活动方式及其必要性所做的某种有意识的表达。

从概念界定来看，道德责任与道德义务之间有某些共同之处：它

---

① ［苏联］伊·谢·康主编：《伦理学辞典》，王荫庭、周纪兰、赵可、邱濂译，甘肃人民出版社1983年版，第92页。

们都以特定社会的客观道德准则为参照系统和衡量标准，体现或维系社会道德准则，因而具有客观的社会制约性。但二者尚存在着决定性的区别。

从约束力的性质来看，道德义务在本质上是他律的，而道德责任则是在履行义务、遵从他律道德基础上的自律。道德是调节各种社会关系的规范的总和，在其形态上，从原始人的道德规范到现代人的道德规范，夏伟东教授将其大致概括为这样几种：图腾、禁忌、风俗、礼仪、准则、箴言、义务、责任。从上述道德规范由粗糙到精致、由蒙昧到文明的整个发展链条来看，道德规范越是完备，其道德命令的成分、道德理性的成分和道德自觉的成分也就越多。自觉的、理性的约束力的不断加强似乎是道德规范不断向前、向上演化的一条规律。道德责任是在道德义务基础上的一次升华，道德义务较多地表现为外在的道德要求，道德责任已经把这种外在的要求转化为内在的要求，是人们主动意识到的道德义务。换言之，道德义务与道德责任是同一种道德的"绝对命令"在人之外和在人之内的两种表现形式。由此可见，道德责任所包含的道德自觉的强制力和道德理性，是所有道德规范中最多的，也是社会的道德要求和个人的道德信念、道德需要结合得最紧密的。责任是对人的行为的"自我强制性""约束性"或"必要性"，是主体借助于理性的自我约束，是防止行为任性的控制阀。没有道德责任就没有真正的道德。正如康德所言："责任的诫条越是严肃，内在尊严越是崇高，主观原则的作用也就越少。尽管我们起劲地反对它，但责任诫条规律的约束性并不因之减弱，也丝毫不影响它的效用。"① 就此而言，道德责任在道德规范的整个体系中，是处于最高层次的道德规范，是在理性的氛围下不断巩固的外在要求和内心自愿的结合、外在强制和内在强制的结合。用康德的话说，这种责任性对于人就是一种"主体的意志自律性"，即理性的自我主宰、自我约

---

① 夏伟东：《道德的历史与现实》，教育科学出版社 2000 年版，第 60 页。

束、自我克制。

就两者涵盖的范围而言，道德责任比道德义务的涵盖面要广。道德义务是认清客观的道德要求，并将其作用于所处的环境以实现这些道德要求；这个过程可以说是履行责任的过程，也可以说是履行义务的过程，而这个任务完成的程度如何，或者在没有完成任务时，一个人的对错程度如何，对于结果在道义上如何处理，就成为一个人的道德责任问题。这就是说，道德责任是在履行义务中发生的，但并不能直接等同于义务；道德责任还能涵盖人由于某种原因未能履行自己所应承担的分内事而应对自己的行为后果在道义上的承担，而道德义务则没有这一规定。这也是道德责任与道德义务的主要区别所在。柯尔伯格从道德认知心理学角度出发，认为道德责任"是关于一个人是否对各种后果负有责任的判断"，义务是"关于一个人是否对他的行为负有责任的判断"①。如我们说尊老爱幼是每个人的道德责任，这意味着每个人应该且能够被期望去尊老爱幼，而且还应为未能尊老爱幼的后果承担道义上的评价，道德义务则不具备后者的含义。

二 道德责任与法律责任

道德责任与法律责任作为对人们的行为和生活的规范和约束，它们的关系是很接近的，而且在现代社会的联系比在传统社会还要更为接近。道德责任与法律责任的价值目标是一样的，其初衷和最终指向都是协调社会利益关系，保护每个个体免受侵害，同时保证个体谋得利益的目的及手段的合理性。所以，道德责任和法律责任可以说都是人类出于生存、发展、完善的需要，自由选择的不同形式的自我规约。二者在实质上相通而非相悖，甚至有相当多的重合，许多规范不仅是道德责任，同时也是法律责任，如"不可杀人""不可盗窃"

---

① ［美］科尔伯格：《道德教育的哲学》，魏贤超等译，浙江教育出版社 2000 年版，第 46 页。

等。但二者又有着一些根本性的区别。

第一，关涉范围上的差异。就道德责任与法律责任在空间上所调节的利益关系范围而言，道德责任的范围要大于法律责任。在现实社会生活中，人与人之间的利益关系是复杂和多方面的，这些利益关系都能构成道德调节的对象。法律责任关注和调节的只是某些比较重大的利益关系。也就是说，并非所有的利益关系都需要借助法律的调节，并非所有的利益事实都需要被法律确认为个体的法律责任而由法律加以保护。法律规定不可能也无必要穷尽一切利益规定，只有那些重大的利益才能被确定为法律责任。简言之，法律只惩处那些已经发生且极其严重的道德过错，如违约责任。道德责任侧重于"禁于未发"，旨在从原则上来杜绝、防止类似情况的发生，如不准撒谎等就属于一般意义上的道德责任问题而非法律责任问题。

第二，时间意义上的差别。道德和道德责任可以说是与人类社会共始终的人的行为规范形式，而法律和法律责任则是社会发展到一定阶段的产物。而且，从内容上的相关性看，前者亦是后者的基础。米尔恩把道德与法律的这种关系表述为"道德在逻辑上优先于法律。没有法律可以有道德，但没有道德就不会有法律"[①]。据此推理，道德责任和法律责任分别作为道德与法律的下位概念和子范畴，自然，道德责任比法律责任具有时间上的在先性，道德责任是法律责任的存在基础。

第三，形式上的区别。法律责任是一种成文法，或曰"自然法"，法律责任由立法机关通过某种立法程序以法律条文的形式加以确认，它一旦生效，便伴有国家力量的保护。假设一项法律于某年某月某日宣布实施，那么相应的法律责任便告成立，这些法律责任的内容、界定、由何种机构来负责保护等都是具体而明确的。而道德责任则不具

① ［英］米尔恩：《人的权利与人的多样性——人权哲学》，夏勇、张志铭译，中国大百科全书出版社1995年版，第35页。

有成文法的限制或时限标准。我们很难设想能有某种机构或通过某种程序宣布自某年某月某日起某人有做某某事情的道德责任。道德责任更多依靠无形的社会舆论、社会期望和内在良心的力量来保障,虽然看不见、摸不着,但人们却又能实实在在地感受到它,并受它的规约、审视与影响。

第四,维护手段上的不同。法律责任的维护有赖于由国家机器作后盾的硬性手段的利用,是硬力量。在性质方面,法律责任一般是否定性的,所谓"令行禁止",少有"赏"法,是直接的、刚硬的、立竿见影的;而道德责任主要是靠内心信念、社会舆论来起作用,"良知的裁决也就是由社会本身做出的裁决"①。这种制裁是一种软力量,是间接的、较温和的、长久的,奖赏、鼓励、肯定是道德责任的一种独特且重要的维护力量,因此道德责任还有积极的一面。

第五,动机方面的差异。法律责任在量刑时会区分蓄意犯罪或过失犯罪,但一般不会深度追究犯罪动机及行为的社会背景和环境原因,而更专注于客观的行为及其后果本身。道德责任却要考虑这种内在动机和社会背景。很难说在对人的影响方面,法律责任与道德责任究竟谁的力量更大一些。因为两种力量发挥作用的方式不同。对于成功规范人的行为,二者不可或缺,且可以相互支持。法律责任的有效遵守固然需要有法可依、有法必依、执法必严、违法必究的制裁机制和法律观念的普及。但单纯的畏惧并不必然导致对规范的自觉践履,只有信服及自我立法才能真正使法落到实处。"法律规范的只是人的行为而不是思想。"② 法律责任是最低限度的道德责任。道德责任则是通过规范心灵的秩序,借由德性的力量来维护社会的长治久安和和谐发展。

---

① [法]亨利·柏格森:《道德与宗教的两个来源》,王作虹等译,贵州人民出版社 2000 年版,第 9 页。

② 何怀宏:《伦理学是什么》,北京大学出版社 2002 年版,第 51 页。

三　道德责任与道德权利

谈到权利，人们很自然会想到法律权利，通常的认识是，法律注重权利，道德强调责任。因此，在我国，对权利问题的研究过去大多局限于法学领域，而道德研究则很少涉及权利问题。这不仅把法律和道德割裂开来，而且也使权利和义务完全分离了，这显然不利于法制建设，也不利于道德教育建设，而且使我们对诸如人权这样的国际性问题的研究难以深入，因为人权首先和主要的是一种道德权利。那么什么是道德权利呢？我们选择了如下几种关于道德权利的定义或定义式表达。美国法学家庞德把权利看作是一种"合理的期望"，所谓道德权利，就是当一项主张"可能为共同体的一般道德感所承认并为道德舆论所支持，这时我们称它为一项道德权利"①。国内学者也对道德权利有过概括，如"所谓道德权利，系指人们在道德生活——社会生活的最为广泛的方面——中应当享有的社会权利；具体地说，就是由一定的道德体系所赋予人们的、并通过道德手段（主要是道德评价和社会舆论的力量）加以保障的实行某些道德行为的权利"②，或者"道德权利就是道德主体的人在履行道德义务、责任或使命等活动中所应享有的权利"③。中国社会科学院学者余涌在其专著《道德权利研究》中对道德权利下了这样一个定义："道德权利是道德权利者基于一定的道德原则、道德理想而享有的能使其利益得到维护的地位、自由和要求。"

道德责任与道德权利的关系，有时会表现为直接同一的性质。例如，"我有行善的道德权利""我有做一个正直的人的权利""我有不说假话的权利"，等等。但这些"道德权利"实际上已超出了一般权利的"享受范围"，是基于对与之相应的道德责任的深刻反思而高度

---

① 余涌：《道德权利研究》，中央编译出版社 2001 年版，第 29 页。
② 程立显：《试论道德权利》，《哲学研究》1984 年第 8 期。
③ 唐能赋：《道德范畴论》，重庆出版社 1994 年版，第 156 页。

内化了的道德责任意识，进而成为一种道德奉献。因之，这种道德权利不但与道德责任直接同一，而且本质上是道德责任的道德权利表现形式。但这种同一不是绝对的、无条件的合一，倘若像权利和责任的"逻辑相关性"所表达的那样，一切责任均赋予他人以权利，凡一个人有权利的地方，其邻人就有责任让他行使这种权利，那么，人在道德上有慷慨、仁慈、行善的责任等，是否任何一个人都能理直气壮地声称自己拥有受到慷慨和仁慈对待的权利呢？很显然，这里涉及的道德责任不可能与债务人负有向债权人偿还债务的责任或承诺人信守诺言的责任那样确定和无可争辩。可见，"凡一个人对另一个人有道德责任的地方，这另一个人就有要求履行这一责任的权利"这一反题并不为真，如有博爱的责任存在等，而这种责任并不赋予相应的权利。道德义务与道德权利不是简单的对应关系。弱化道德责任和道德权利的相关性就成了一种可以想象的选择，即认为一切道德权利都可以是道德责任，但并非所有道德责任都能被赋予道德权利。

道德责任与道德权利的相对分离，即道德责任的非权利性动机和在结果上的无偿性问题，既是伦理学研究的一个新热点，也是一个广泛的社会问题。从结果看，道德主体在履行了一定的道德责任之后，通常情况下也应当享受相应的道德权利，如尊重他人也应受到他人尊重、行善就应得福等；反过来，似乎如欲获得受他人尊重或获得幸福的道德权利，也同样要履行尊重他人和行善的道德责任。前一种情况是一种起码的尊重道德的条件，是一种实质上无条件的道德命令；后一种情况则是一个相对公正理想的社会对一个有德性的人的正当奖赏，是道德主体的德行之外的东西。因而，从动机上看，道德责任的履行确乎不应以获得某种个人利益、报酬或权利为条件或动机，这是道德责任区别于法律责任的重要特征。道德责任的这一特性显示出了道德的纯洁和崇高，其极致的表达是康德的"为责任而责任"——强调道德责任的普遍性和意志自律性的形式主义原则。不过，这里我们所说的责任不是康德的那种抽象空洞的"善良意志"，而是社会最起码的客观道德要求。道德责任与道德权利的相对分离，有别于法律责任与法律权利的互为条件，最根本的原因在于道德规范的特殊性。道德规范固然首先是一种外在的客观社会要求，但这种社会要求真正发挥效用，必须靠道德主体的道德自觉。自觉而非强迫地去尽道德责任，正是道德责任不以道德权利为诱因的题中应有之意。余涌指出，对道德责任的非权利性动机问题必须以以下基本认识为前提：其一，道德责任的非权利性动机并不意味着道德权利的不存在，他不能作为否认道德权利存在的理由；其二，道德责任的非权利性动机并不具有绝对的性质，当行为涉及的是道德上的完全强制性责任并使行为者与行为对象之间形成一种相互强制的权利责任约束时（如履行已达成的某种约定），完全排除行为的权利动机是不切实际的；其三，作为道德舆论，不能只鼓励人履行道德义务的非权利性动机，还应当呼吁维护由于这种责任行为而产生的道德权利要求。密尔曾经指出，施惠的人在需要救助时希望得到受惠人的报答，这是人的"最自然"和"最合理"的期望之一，如果受惠人不予报答，那等于是对施惠者的侵害，是一种很不道德的行为，也使施惠的行为日益少见。因此强调道德责任和道德权利的关联对于维护一种公正合理和可持续的、和谐的道德关系是必要的。但应当注意，对责任行为的奖赏并不必然意味着权利的实现，因为奖赏既可以给也可以不给，而权利则是基于一定的责任和权利关系的"应得"。

强调道德责任的无偿性，强调道德责任的非权利动机性，决不意味着让有德行的人舍弃幸福，让履行道德责任的人丧失权利。从结果上说，道德责任与道德权利、与幸福应该是紧密关联的，所谓"德福一致"，有德的人没有福，有福的人没有德，这不是我们理解的道德责任观所描绘的社会图景，而恰恰是人们缺乏真正的责任意识所导致的一种社会"异化"现象。强调道德责任的无偿性及其非权利动机性，仅仅是从道德规范的理性自觉的特殊意义上，针对道德主体的自觉的责任动机而言的，即针对道德主体的非权利性动机而言。没有这一点，便没有道德与法律的区别，没有道德规范与法律规范的区别，没有道德主体与法律主体的区别。从理想的角度说，在一个公正合理的社会中，道德责任的无偿性和非权利动机性，倒是应该用道德主体的幸福和欢乐来作为最起码的酬报。因为只有这样才意味着有德的人将有福，无德的人将无福。就此而论，如果我们越是期望获得一个尽可能公正和理想的社会，就越是需要为这种最终的道德理想尽最无偿的道德责任。

最后是关于道德责任与道德权利何者更为根本的问题，即两者何者更具本原、主导和优先的地位。一种观点是所谓的"权利本位论"，主张责任派生于权利，一个人对另一个人负责，就是因为另一个人拥有权利的对象，他有权利要求前者以某种被要求的方式作为或不作为，正如不许杀人的责任来自于人的生存权。格沃斯曾经这样描述善、权利、责任的逻辑次序：一是个人的必要的善或行为需要，二是作为个人在满足这些需要时的道德财富的权利，三是其他个人或政府为了确保这些权利而行为或克制的责任。另一种解决方案是"功利主义"的权利责任观，功利主义将功利与责任的关系作了这样的排列：普遍的功利或善、个人或政府使这些功利最大化的责任、有助于或随这种最大化而发生的个人的可能存在的权利。这意味着，责任是一种绝对的目的，权利是一种因为它有助于这种目的的实现而予以确保的力量。我们认为，对此问题，单纯在理论上的争辩往往容易使人陷入概念或理论的循环论证的困惑和尴尬中。正确的把握路径应该特别注意如下三个方面。

其一，道德责任和道德权利的关系之基础是现实的具有道德评价意义的利益关系，尽管我们可以在逻辑上做某种预设而突出其中的某一个方面，但现实存在的社会关系不允许我们把它们分离开来，甚至做一种先后优劣的区别。

其二，在道德责任与道德权利关系中的"本位式"思考，极易导致对二者关系理解上的静止和片面化，从而忽视在不同的社会历史背景和具体道德情境中准确把握道德责任和道德权利的具体、真实的关系。

其三，与在理论上和概念上对道德责任和道德权利的关系的分析相比，注重把握现实道德生活中道德权利与道德责任的平衡也许具有更重要的意义。

"如果没有道德责任作为抵押，道德选择就谈不上取舍与追求，也谈不上意志自由的价值。没有责任，就意味着选择是任性的、随便的，这种选择本身就丧失了道德意义，丧失了道德价值。"① 通过以上对道德责任与道德义务、法律责任的区辨，可以使我们更加清晰地洞察道德责任作为社会要求之一有别于其他规约的独特性，即它的高度自觉、自律。从我们的学校教育的角度而言，法律责任可以以确定的文本方式，全面、清晰地呈现给学生，而且大多情况下对其中的基本规定，都不会有太多争议。因其作为一种底线规约，主要侧重于客观的行为后果的评价，所以衡量标准也较为明确。但道德责任，却难以形成一部类似于民法、刑法等的综合文本，供学生系统学习。道德责任，涉及价值选择，而且正如前面分析的，道德行为及其后果固然是道德责任评价的一个重要依据，但即使行为表现大致相同，责任人的主观原因却可以千差万别，难以做出毫无异议的对与错、是与非的断定。所以道德责任教育注定要比法律责任教育复杂，或者说培养一个真正能负责的学生，比培养一个守法的学生要难。如果说法律可以靠他律来维护的话，道德责任必须而且只有在自律的前提下才为真。为了培养会负责的学生，我们的道德责任教育必须关注学生的内心，关注学生的生活，关注学生的意愿，脱离生活、照本宣科的道德责任教育，只会导致虚伪的教条主义。

道德权利与道德义务、法律责任的最大区别在于，前者强调个体

---

① 夏伟东：《道德的历史与现实》，教育科学出版社 2000 年版，第 190—191 页。

的话语权，而后两者强调社会的话语权。对于这样一个新问题，我们的道德责任教育不能置之不理。因为我们强调责任，原本就是为了将合法权利最大化。不过，就目前而言，权利意识的增长，公正道德的求得，并不能以牺牲人们尽正当的道德责任的精神为代价。我们不能片面地认为义务与权利的二律背反现象只是由于人们不尽正当的道德责任才造成的。实际上，导致这种现象的更多的还是经济的、政治的、文化的原因。道德不是万能的，以道德至上的观念让人们通过尽道德责任来承担经济的或政治的责任，来忏悔经济的或政治的失误，这本身就是极不公正的。从现实生活来看，许多违反道德的现象，并不是由于人们尽了道德责任，或在尽道德责任时没有以一定的权利为前提条件，而恰恰是由于人们不履行正当的道德责任，或把一定的权利强调到过分的地步，以至于成为人们尽责任时讨价还价的筹码。这种道德责任观和道德权利观，往往是极端个人主义或极端利己主义的直接思想基础之一。正如西蒙娜·薇依所指出的那样："义务的概念优先于权利的概念，后者从属于它也相关于它。一项权利并不因其自身而有效，而是因它所对应的义务；一项权利的有效实现并不缘于某人对它的拥有，而是出于其他的一些人，他们承认在某些事情上对此人有义务。当义务被确认时，义务就有效。一项义务不为任何人所承认，对其存在的丰富性也丝毫无损。而一项权利若不被任何人所承认，则将一钱不值。……一个人，就其自身而言，只拥有责任，其中有某些对他本人的责任。……假如这世界上只有一个人，那他就毫无权利可言，但他仍有义务。"[①] 她进一步解释说："权利的概念，属于客观的层面，不能与实存和实在的概念相分离。只有当义务下降到事实的领域中才会出现；因此它在某种程度上始终都围绕着对事实状态和特定情境的考量。各种权利始终都与各种条件密切相关。只有义务

---

① ［法］西蒙娜·薇依：《扎根：人类责任宣言绪论》，徐卫翔译，生活·读书·新知三联书店2003年版，第1页。

才可能是无条件的。它置身于超越各种条件的层面中，因为该层面是超越这个世界的。"[1] 因此，责任语言比权利语言具有更强大的道德震撼力。

总而言之，我们在学校中对学生进行道德责任教育时，不能一味强调毫不利己专门利人的旧式道德观，视道德权利为雷池，无视学生对其的关注，而应尊重学生的合理需求和意愿，肯定他们思考责任、选择、学习负责的权利。也不能借口现实生活中发生的某些好人没有好报的个别事例，就片面否定道德责任之于个体和社会的重要意义，而应面对学生的质疑，不是以一个管理者而是一个对话者的身份，与他们共同探讨各种问题的具体背景、发生、发展，通过对后果的分析，来客观、正确地认识道德责任与道德权利的关系问题，为他们今后在实际生活中快乐地承担责任奠定良好的基础。不过，道德责任对世人而言，归根结底还是一种限制。人们为什么要接受这样一种限制呢？而且还要自愿接受限制呢？换言之，人为何要负责呢？

---

[1]　［法］西蒙娜·薇依：《扎根：人类责任宣言绪论》，徐卫翔译，生活·读书·新知三联书店 2003 年版，第 1 页。

第二章　人何以要负责

在初步明确了何谓道德责任这一前提问题之后，紧接着的逻辑追问就是：人为何要负责呢？进一步，人为何要负道德责任呢？或许很多人对此问题会不假思索，甚至感觉这根本就不是一个问题。人之所以要负责，就是因为你是人。"义务的对象，在人性事务的层面上，总是人的存在。在每一个人的身上都存在着义务，只因为他是人，无须涉及任何其他条件，也不管他是否承认这义务。"① 的确，除了人之外的一切生物是无所谓道德责任的。道德责任，天经地义就是人的存在和人的生活世界的题中应有之意。但"人"这个字眼以及人之存在，为何必须从责任特别是道德责任的维度加以度量方能把握其本质？诠释道德责任之于人之存在的无可争议的理由何在？作为探讨道德责任教育的一个前提性问题，如果不对此做出合乎逻辑且合理中肯的阐释，一系列的后续问题，如人为何能负责、如何教人负责等，就失去了进一步追究的逻辑基础。这一部分，我们将通过对道德责任问题的历史梳理，试图立足较为宏阔的历史视角来考察"人为何要负责"这一颇为棘手且不可回避的论题。

---

① ［法］西蒙娜·薇依：《扎根：人类责任宣言绪论》，徐卫翔译，生活·读书·新知三联书店 2003 年版，第 2 页。

第一节 关于道德责任来源的历史考察

在伦理学史上，关于道德责任的起源问题，关于人们为什么必须履行道德责任的"命令"等问题，始终属于道德哲学领域内最不可避免却又众说纷纭的问题。在科学尚不发达，人的认识水平极为有限的人类童年时期，"神启说"为我们认识责任的本源及其最原始的含义提供了一种基本的参照，所谓"道之大原出于天，天不变，道亦不变"。道德责任和法律义务皆是天命。天是至高无上的主宰一切的人格神，它的命令当然是必须执行、不可违背的。履行这种责任就是善，违背诫令就是恶。对于善恶，会有不同的报应。无论是在现世还是来生，上天总会兑现这种报应，所谓"善有善报，恶有恶报，不是不报，时候未到"。在西方神学理论中，"天道"演变成神或上帝的绝对命令。上帝为人们规定了责任，履行这些责任，就能得到上帝的超度和拯救，在来世进入天堂，享受永恒的幸福，否则就会堕入地狱，永远遭受苦难。但对于那些没有特定宗教信仰的人来说，为什么要负责？除了信仰，如何来证实上帝或神的存在？若因为对善报的向往、对恶报的惧怕来负责，那只是出于对自身利益的关注而非道德的善而行善，这样还是善吗？看来，"神启说"并不能合理地解释责任的始源及其本质。

"功利论"是另一种关于责任问题的影响颇大的观点。古希腊哲学家德谟克利特在第一次把责任纳入哲学范畴时，便认识到了道德责任与利益的关系，肯定了责任在处理个人利益与集体利益的关系时的重要意义。他认为尽责可以实现和保障公共利益，最终也会使个体受益，责任是个体的幸福与利益的基本担保。近代功利主义伦理学家继承了这一传统。他们所关注的是个人利益。但为了实现个人利益，必须关注整体利益，所以他们也强调个人对他人和整体的责任，如培根的全体福利、卢梭的公意、霍尔巴赫的公共福利、边沁的最大多数人的最大幸福、穆勒的最大幸福原则等,都涉及集体利益的责任问题。在浓厚的利己主义与个人主义氛围中,以个人利益为支点,道德责任始终占有举足轻重的一席之地。这种解释类似于一种"公平游戏"的规则。我们无法摆脱他人孤立存在,所以我们必须自愿参加一种集体游戏,必须自愿遵守这种游戏的规则。但有人也许会反驳:所有的规则对所有的人并非具有同等意义,对别人很重要对我却毫无意义的规则,我为何要遵守?我想做一个独立的人,不喜欢别人帮我或打扰我,那我为什么必须帮助别人?如何确定整体利益或最大幸福的范围?何种整体?哪些"最大多数"?特别是在阶级社会,所谓最大幸福、公共福利是指实权在握的少数人的利益还是占人口绝大多数却没有发言权的大众?等等。这些问题成为人们在思考责任在处理个人利益与集体利益关系时的某种两难困境。

就伦理学史来看,在责任问题上对后世产生最大影响的,是康德的"绝对命令说"。理性主义伦理学家康德对责任有着深刻而独到的见解。康德从反对法国唯物主义者的快乐主义伦理学出发,强调人的行为的"纯责任性"。他认为对人来说,责任具有一种必要性,也可以称为自我强制性或约束性。这种"约束性的根据既不能在人类本性中寻找,也不能在他所处的世界环境中寻找,而是完全要先天地在纯粹理性的概念中去寻找"[①]。归根结底,责任的一切都来自道德律令。"责任的诚命越是严厉,内在尊严越是崇高,主观原则起的作用也就越少,尽管我们起劲地反对它,但责任诚命规律性的约束并不因之减弱,也毫不影响它的有效性。"[②] 他把这种义务理解为先天综合的、自明的、至高无上的,因而责任的命令(善良意志的命令)就是人的道

---

① [德]伊曼努尔·康德:《道德形而上学原理》,苗力田译,上海人民出版社 1986 年版,第 37 页。

② [德]伊曼努尔·康德:《道德形而上学原理》,苗力田译,上海人民出版社 1986 年版,第 77 页。

德行为的绝对命令，人尽责任理当是"为责任而责任"——因为你必须，所以你必须。康德在无限强调责任的绝对性与必然性的同时，把人的尊严抬升到了一个令人炫目的崇高地位。但一经把康德的理论运用到日常生活中，我们就会发现自己经常陷于尴尬之中：我们出于怜悯之心救死扶伤，关注弱势群体，却发现这不是真正的道德和道德责任，而应该纯粹出于责任去做这些事情。我们不禁要问：纯粹理性存在和之所以值得无上崇敬的根据究竟是什么？这是康德式思维所给人们所必然带来的理论困境。

在伦理学发展史上，"回报说"是关于责任本质问题的又一种探讨。"回报说"认为，人们之所以要有道德、负责任，是因为行善积德迟早可以给人带来好报（或是经济利益，或是幸福）。道德对于人的幸福的确是必要的，商人要有商德、医生要有医德、教师要有师德，只有这样，你才能胸怀坦荡地面对他人，心安理得地拿取自己的所得，赢得他人尊重，过一种快乐的生活。但在某些情况下，我们无法否认这样的事实：好人未必总是有好报，坏人也未必总是穷困潦倒、愁眉苦脸。媒体经常看到这样的事例：昔日救火英雄现在因身体残疾生活难以维系，锐意进取为民造福的改革家被人谋杀，诲人不倦的老师遭学生报复……所以，负责并非是幸福和殷实生活的充分条件。谈至此，使我们想起了古希腊哲学家西塞罗耐人寻味的见解：道德上的善之所以值得追求和赞赏，是因为道德本身就是好的。但"好"本身就是一个价值判断。这种解释极易成为相对主义攻击的对象：每个人、每群人有自己的"好"与"坏"的判断标准，那么怎样找到一种通用的标准？我们要问的是：某种道德或道德责任为什么就是"好"的？这是回报说难以克服的思维困境。

无论以何种角度界说道德责任的来源，道德责任的必要性已成共识。"神启说"的局限性不言自明；"功利论"抓住了道德责任产生的一个关键线索——利益，从而为责任的履行提供了外在的、社会学的根据，但纯粹的功利论无法解决如何从个人利益向社会利益的升华；康德的"绝对命令论"提供了履行责任的超验的、存在论的根据，但它所诉求的绝对命令如果不通过人的内在德性和对外在功利目标的追求，就难以转化为人的现实的行为；"契约论"肯定了道德责任的社会制约性，但它缺乏统一道德人格的支撑；"回报说"则很难对现实生活的种种悖论做出令人满意的解释。要克服这些理论内在的限度，就必须寻求其他令人信服的理论支持。我们的目的在于，从历史的启示与现实的关照相结合的层面，来探究责任这一道德内核之于人的存在、人性的高洁和德性的崇高的意义与逻辑根由。对责任之逻辑根由的推究、探查，尽管很难找到一种具有"可公度性"或普适性的结论，但缺乏了这一环节，就不可能对人要负何种责任、如何负责任以及学校道德教育如何培育学生的责任意识与能力等问题做出合逻辑、合现实的有意义的探讨。由此，接下来要关注的问题就是：人何以要负责呢？

第二节 人何以要负责

人必须而且只能去承担人的责任，千方百计逃避责任恰恰从反面显示了责任之于人的严峻性和不可推诿性。"真正困难的不是逃避死亡，而是避免做不义之事；不义之事比死亡更难逃避。"[①] 人为什么要为自己立法？人何以要负责？对此问题的回答还要还原到对道德责任的意义与价值问题的分析上。因为，正如当代德国著名伦理学家石里克所言："被当作最终规范或终极价值的东西，必须是从人的天性和现实生活中抽象出来的。因此伦理学的结论从来就不可能与生活相矛盾。"[②] 道德责任的存在有着客观的基础，对道德责任的遵循是个人和

---

① 何怀宏：《伦理学是什么》，北京大学出版社 2002 年版，第 100 页。
② ［德］石里克：《伦理学问题》，孙美堂译，华夏出版社 2001 年版，第 21 页。

种、类的生存、发展的先决条件。责任之于人的存在、之于人的尊严、之于人性的完满，具有奠基性和根本决定性。在一定意义上，"首创性和责任、成为有用乃至不可或缺之人的感觉，是人类灵魂必不可少的需求。"① 道德责任是为人而存在的，人却不是为道德责任而生存的。

一　道德责任是人之为人的根本规定性

人何以要负责？对此问题，或许毫不含糊给出的第一个原因就是：因为你是人，所以你就要负责。美国著名伦理学家费舍和拉维扎在《责任与控制——一种道德责任理论》一书中曾指出："人与其他生物之间的一个重大区别在于，只有人才能对他们所做的事负起道德上的责任。"② 马克思对此也早有断论："作为确定的人，现实的人，你就有规定，就有使命，就有任务。至于你是否意识到这一点，那都是无所谓的。"③ 对人的生存方式及本质规定的理解决定了对构成人性之道德含量的责任的把握。人是一种责任存在。以理性和自觉为特征的道德责任是人之为社会人的根本规定性。

当今人类社会的生存与发展面临着越来越多的问题。理性的人们不能不反思：人究竟是怎样一种存在？人究竟应该如何生存？早期哲学家把人与动物的形体相区分，把人定义为"两足而无毛"或"没有羽毛的两脚动物"。后期的哲学家更多的是从人的某种特性出发，把人定义为某种具有特殊本性的动物。哲学人类学认为人是未完成的动物，未特定化是人的本性；弗洛伊德的精神分析理论对无意识和性本能的强调，就是从人的生物学来认识人的。也有人从人的社会性来定义，认为人是合群的动物，合群是人的本性，或者主张人是社会中

---

① ［法］西蒙娜·薇依：《扎根：人类责任宣言绪论》，徐卫翔译，生活·读书·新知三联书店 2003 年版，第 11 页。

② ［美］约翰·马丁·费舍、马克·拉维扎：《责任与控制——一种道德责任理论》，杨韶刚译，华夏出版社 2002 年版，第 1 页。

③ 《马克思恩格斯全集》（第三卷），人民出版社 1956 年版，第 329 页。

的政治动物、经济动物或文化动物，这就是不同时期出现的政治人、经济人、文化人的人性观假设。从人的精神属性来看，有人认为，人是理性的动物；有人认为，人是有是非、善恶之心的动物；有人认为，人是自由的动物，还有人认为，人是有自我意识的动物。从人的功能特性来定义，有人认为，人是制造工具的动物；有人认为，人是使用语言符合的动物；有人认为，人是有思想的动物。不可否认的是，人来自于物，却又不是物，有着动物的生命体，但又不等同于动物生命的本性。人与动物一样，有各种本能的需要，如自我保护以免受各种可能引起对生命或肢体的危险，获取和提供一切生命所必需的物品如食物、住所等，生殖繁衍以及对自己后代某种程度的关心。

马克思从历史唯物主义的立场，从社会关系的视角来研究人的存在，认为人在本质上就是各种社会关系的总和。"社会关系的含义在这里是指许多个人的共同活动，不管这种共同活动是在什么条件下、用什么方式和为了什么目的而进行的。"① 由此观之，合作性是人的社会关系的本质特征和根本内涵。人在合作中生存、发展。这种合作不同于动物的群居，而是有目的、有意识的。马克思对此也有精辟的揭示："动物和它的生命活动是直接同一的。动物不把自己同自己的生命活动区别开来，它就是这种生命活动。人则使自己的生命活动本身变成自己的意志和意识的对象。他的生命活动是有意识的。"② 人是有意识的，这种意识使自己的生命活动变成自己的支配对象，成为生命活动的主宰者和自我发展、自我生成的主体。既然人可以决定自己的生存和发展，那当然应该而且可以对自己的决定负责。道德责任根植于人的社会性的生存发展中，其存在是不以人的意志为转移的，不因人对责任的逃避、拒斥而消解，也不因人的理性认知能力的强弱而发生改变。既然人是有意志的存在，"意志一般来说，对其行为是有责

① 《马克思恩格斯选集》（第一卷），人民出版社 2012 年版，第 160 页。
② 《马克思恩格斯全集》（第四十二卷），人民出版社 1979 年版，第 96 页。

任的"①。作为社会关系存在，人必然要承担对现实世界的责任。人是社会人，就决定了他必然是责任人。

西方伦理学家对人的道德责任生存方式也有深刻的揭示。存在主义伦理学的主要代表人物萨特把道德责任无限推演到了人生存的所有阶段和一切方面，他说："不管我做什么，我一刻也不能从这种责任中撕开，因为我对我逃避责任的欲望本身也负有责任。"② 他主张人应对生活中发生的一切负责。如果说萨特的无限责任主张因其抽象而稍显虚幻的话，当代兴起的责任伦理学，基于现实的人类生存与发展现状的忧思，振聋发聩地警醒世人他们对子孙后代在保护生存环境方面的责任，把道德责任从人与人的关系扩展到了人与自然的关系、从人与当代人的关系扩展到了人与后代人之间的关系中。这种拓展已经得到了世人的认同，并越来越多地得到了实现。

康德主张，"每一个在道德上有价值的人，都要有所承担，没有任何承担、不负任何责任的东西，不是人而是物件"③。承担责任的行为不一定是道德的，但道德的行为必然包含了对责任的承担，道德责任是一切道德价值的基础。就责任之于人性的关联性或一致性而言，人性的确构成了责任这一范畴之所以成立并具有现实道德意义的基本前提。"做人意味着……我应当为他者负责……我的责任是不可转移的，没有人能够代替我。事实上，就是说我作为人的身份开始于我的责任……责任是我单独负有的，是我在人类的范围内所不能拒绝的。这种责任是唯一的最高的尊严。在唯一的标准上，我是我，这个标准就是：我是负责任的，不可替换的我，我能够用我自己代替任何人，但是没有人能够用他自己代替我。"④ 正由于道德责任是人的发展本质

---

① ［德］黑格尔：《法哲学原理》，商务印书馆 1961 年版，第 118 页。

② ［法］萨特：《存在与虚无》，伦敦英文版 1957 年版，第 796 页。

③ ［德］伊曼努尔·康德：《道德形而上学原理》，苗力田译，上海人民出版社 1986 年版，第 6 页。

④ ［英］齐格蒙特·鲍曼：《后现代伦理学》，张成岗译，江苏人民出版社 2003 年版，第 90 页。

的要求，人是一种道德的存在、责任的存在，社会的良性发展才有道德基础。

二 道德责任是人类社会生存与发展的基本保证

道德是社会的产物，道德的产生，是社会生存、发展的需要。因而"道德从一开始起，最根本的目的，就是要求个人把自己的生存、发展和完善的需要，汇入社会整体或社会大多数成员共同的生存、发展和完善的需要这个大需要系统中去"①。道德责任正是个人与社会、个人意愿与社会需求的矛盾的集中反应与必然要求。德国近代著名哲学家费希特主张，道德的根本，就是自制心克己心，使自身的本能服从全体。道德作为一种普遍的社会行为准则和某种社会公共秩序的象征，是社会大多数成员的共同意愿的结晶。从一开始，道德就不是个人任性的产物，而恰恰是社会整体或社会大多数成员的共同意愿的产物，是这种共同意愿要求抑制各个人的任性需要的产物。如果说道德的根本特性是社会性的话，那么，作为道德内核和使道德转化为现实要求的责任，其根本特性也是社会性。只有从社会性这一责任的根本属性上，才能寻绎责任与人性、人的道德属性的内在关系。

马克思曾经深刻地指出："思想、观念、意识的生产最初是直接与人们的物质活动，与人们的物质交往，与现实生活的语言交织在一起的。人们的想象、思维、精神交往在这里还是人们物质行动的直接产物。表现在某一民族的政治、法律、道德、宗教、形而上学等的语言中的精神生产也是这样。"② 对道德责任的理解，也应该从社会关系、道德关系及客观的社会道德要求出发。道德生活是由个人存在和社会存在的种种需要和冲突所引起或激发的。道德责任亦是如此。

道德责任直接产生于人们的物质生产活动，是人们协作、交际的

---

① 夏伟东：《道德本质论》，中国人民大学出版社 1991 年版，第 40 页。
② 《马克思恩格斯选集》（第一卷），人民出版社 2012 年版，第 151—152 页。

结果。道德责任是社会的一个客观事实，它有"必然性来源"，这种必然性来源不是无法证实的"天"或"上帝"，也不是抽象的利己心或抽象的先验理性，而是我们的客观的社会经济生活中协调人与人、人与社会的关系的必要性。需要是人类一切活动的根源。但人的需要与动物的需要有量上和质上的区别。在量上，人的需要具有多样化和复杂化；在质上，它已不再是动物式的本能的需要，而是一种"被意识到了的本能"。人不再满足于简单地向自然界索取，而是开始带着积极性和主动性利用和支配自然，并在这一过程中不断满足已有的需要，产生新的需要，因而人的需要蕴藏着巨大的内驱力。需要的不断满足和新需要的不断产生推动着历史活动不断地进行以及人类社会的存续与发展。满足需要的活动使得人与人结成了愈来愈复杂的社会关系。这种关系在根本上是一种利益关系，并有可能随着人的需要的膨胀变得更加紧张。为了保证人类能合理利用自然所赋予人类的各种有限的条件，以及社会整体及其成员的生存和发展，产生了协调各种利益关系的要求，并且以规范的形式确定下来。个体总是处于一定历史条件和社会关系中的社会人，在社会关系中各自占有一定的地位，因此必须遵循相应的要求和规范，对个体来说，这种要求和规范就是责任。道德的直接目的是保障社会的有序运行，"道德的普遍目的就是在社会联系中建立起一种秩序"①"公益乃是美德的目的"②"道德之立，所以利群也"③。这里，责任的道德意蕴和社会规定性得到了深刻的阐释。我国古代著名思想家荀子对此也有过深刻阐述："礼起于何也？曰：人生而有欲，欲而不得，则不能无求；求而无度量分界，则不能不争；争则乱，乱则穷。先王恶其乱也，故制礼义以分之，以养人之欲，给人之求，使欲必不穷乎物，物必不屈于欲，两者相持而

---

① 洪谦：《逻辑经验主义》（下卷），商务印书馆 1984 年版，第 634 页。
② 北京大学哲学系外国哲学史教研室编译：《十八世纪法国哲学》，商务印书馆 1963 年版，第 456 页。
③ 梁启超：《饮冰室合集》，中华书局 1989 年版，第 14 页。

长，是礼之所起也。"① 如果剔除其中的预定论（比如对"先王"的任意想象），则不啻对道德的根源及其社会意义的绝妙阐释。

道德责任是社会的道德要求在个人身上的具体化，故而，道德责任归根结底是人类社会维持良好秩序、有效运行的内在需求。因为"对于社会生活和人与人之间的伙伴关系来说，不义是致命的"②。如果我们每个人为获得某种个人利益都想欺骗或伤害旁人，那么，维系人类社会的那些纽带必然会被摧毁。打个比方，假如我们人体的每个器官都有这种思想，以为摄取其临近器官的精力就能使自己变得更加强壮，那么，整个身体就必然会衰亡；同样，如果我们每个人都掠夺旁人的财产，彼此都将他人之物挪为己用，那么，维系人类社会的纽带必然会被冲毁。"事实上，大多数人心中时隐时现的微弱的义务感有效地避免了社会秩序走向崩溃。"③ 对贯穿于人之存在与生活之中的责任的自觉意识与自觉行为，是获得社会和谐、文明昌盛最基本的保障之一。

三 道德责任是个人基于利益实现和德性圆满的自由选择

道德责任并不只是产生于社会发展的需要，更重要的是产生于个体生存、发展与完善的需要。后一种需要是一种更深层次的需要。梯利说："道德是个人利益冲突的产物。……如果人们在生活中毫无冲突的话，也就不需要任何道德规范了。"④ 如此，人们也就不需要承担责任了。个人利益、他人利益和社会利益，个人生存、发展与完善的需要与他人及整个社会的生存、发展与完善的需要从一开始就是互相联系的，正是因为认识到两者的矛盾关系，人们才产生了抑制个人任

---

① 安小兰译注：《荀子》，中华书局2016年版，第166页。
② ［古罗马］西塞罗：《西塞罗三论》，徐奕春译，商务印书馆1998年版，第219页。
③ ［美］莱茵霍尔德·尼布尔：《道德的人与不道德的社会》，蒋庆、王守昌等译，贵州人民出版社1998年版，第32页。
④ ［美］弗兰克·梯利：《伦理学概论》，何意译，中国人民大学出版社1987年版，第176—177页。

性的共同意愿。

捷克经济学家奥塔·锡克曾作过这样的描述："在原始社会,占统治地位的自己利益和他人利益的一致,首先是所有人的直接合作或整个社会协作,产品的相应的直接分配的表现。以牺牲他人来获取一定的使用价值,对个人来说几乎是不可思议的,因为社会分配非常轻而易举地排除了这种思想。"① 所以,当人们去帮助别人,为别人做出牺牲时,"并不违背自己的个人利益,而是出于友谊、爱情,对他们的真正强烈的感情关系,这常常会比自己安全的利益更强烈。在这里,表现实际社会利益的道德只会更加增强他们为他人的个人利益"②。以至于当在某种情境中,个人生命这种人的最高利益受到威胁时,人们"便能产生直至做出自我牺牲的伟大英雄行为。因此,这种人决不会仅是由于社会义务的影响才这样来行动,而且很明显也是出于自己的利益才这样行动的"③。

不可否认的是,"尽管在理智上认识到扩大仁慈的本能冲动是可能的——这会促使人类去考虑其他人类的需要和权利,而不是去考虑只与自己的出生和生活紧密相连的人的需要和权利,但是,人类通常的道德能力则具有一个明确的界限,即要把自己所要求的东西给予他人是不可能的"④。考虑到"人类心智与创造力的有限性,以及人类没有能力在面对其同伴的利益时能够清楚地像对待自己的利益一样完全超越自己的利益,这使得强力就成了社会强制过程的一个必不可少的部分"⑤。这就是我们直接感觉到的道德责任的强制性。但即便是这种强制,也是为了使人们在利益之争中做出某些让步,以保证能够各

---

① 戚万学:《活动道德教育论》,南开大学出版社 1994 年版,第 87 页。
② 戚万学:《活动道德教育论》,南开大学出版社 1994 年版,第 87 页。
③ 戚万学:《活动道德教育论》,南开大学出版社 1994 年版,第 87 页。
④ [美]莱茵霍尔德·尼布尔:《道德的人与不道德的社会》,蒋庆、王守昌等译,贵州人民出版社 1998 年版,第 2 页。
⑤ [美]莱茵霍尔德·尼布尔:《道德的人与不道德的社会》,蒋庆、王守昌等译,贵州人民出版社 1998 年版,第 2 页。

自获得某种利益。所以，"虽然我们通常把道德要求都看成是强加到我们身上的约束，但它们有时是为了我们的利益而审慎地自我给予的"①。在根本上，被保护的利益，相对而言，总是重于被限制的利益。人们总是为了某种美好的存在而做出某种牺牲，接受某种限制。接受道德责任的限制，只是因为它做出了某种更有价值的许诺。就此而言，这种限制本身也具有某种道德的、责任的意义。这一点，英国哲学家休谟也深有感触："人类在很大程度上是被利益所支配的，并且甚至当他们把关切扩展到自身以外时，也不会扩展得很远；但人类若非借着普遍而不变地遵守正义规则，便不能那样有效地达到这种利益，因为他们只有借这些规则才能保存社会，才能不至于堕入人们通常所谓的自然状态的那种可怜的野蛮状态之中。"② 甚至在一定意义上，"评价一个人的最重要事情之一，是说他是一个遵从规则的动物"③。可见，道德责任对个人有功利性价值，是一种获利的策略或工具。无论是自由还是约束，利益都是道德责任之存在的必要而有力的保障。

尽管利益构成了责任乃至道德存在的前提或起点，然而，单纯的功利很难解释日常生活中的诸多道德行为（如见义勇为），这反映了道德责任对个人具有的超功利性的一面。它既是人自我发展、自我完善的一种方式和手段，也是人自我发展、自我完善的内容和目的。它源于利益谋算，但又超出单纯的利益算计。因为人是一种理性动物，不仅有物质需要，而且有精神需要。人的道德需要就是一种高级精神需要，是在人的物质需要的长足发展中逐渐丰富与升华的，是对物质需要的超越。道德是人的本质规定之一，它以人的自我立法的形式象

---

① ［美］约翰·罗尔斯：《正义论》，何怀宏、何包钢、廖申白译，中国社会科学出版社 1988 年版，第 336 页。

② ［英］休谟：《人性论》，关文运译，商务印书馆 1982 年版，第 574 页。

③ ［英］彼得斯：《道德发展与道德教育》，邬冬星译，浙江教育出版社 2000 年版，第 20 页。

征人的特殊存在方式。康德把"心中的道德律令"与"头上的灿烂星空"相提并论，作为人类最为敬畏的东西。对个人而言，道德就是要求人有所承担，一个人有无道德，能不能担负起自己的责任，标志着它是否真正地由生物意义上的人转化为社会意义上的人。个体社会化的过程就是不断地在承担责任中实现自我的过程，马斯洛则直言每次承担责任就是一次自我的实现。人的尊严由德性所系，而德性的尊严首先出于责任的崇高。康德指出，德性的力量就是把责任的"应该"转变成现实的力量，就是在责任的恪守中人的意志的道德力量。一切外在规约只有在转化为个人内在的道德责任后，才能得到忠实地履行。在这个意义上，道德责任具有最高的价值。

　　谈到道德责任，就意味着有限制要突破，有障碍要克服，而这些限制和障碍就来自人现实的感性存在。"义务总是作为对冲动的一种限制出现的，它以冲动的存在为前提，没有冲动也就没有义务。就其起源来说，义务本质上是否定性的。"① 道德责任集中体现了人的感性存在与理性存在、实然与应然的矛盾。感性存在受自然因果律支配，不由自主，标志着人的实然状态；理性存在意味着人为自我立法，指向美好的应然。责任对爱好、欲望、冲动的压制并不是所有道德价值的条件，但我们还是可以说真正的道德品格清晰地在上述冲突中显示。敬重责任也就是敬重法则，而这法则由于实际上也是人自己制定的；所以，敬重法则又等于敬重自身，敬重某种美好的应然并心向往之。敬重自身是人的高级天性，相信人能凭借这一高级天性，遵循道德和信仰，超越我的感性存在的限制而向着无限扩展、开放。正是在此意义上，康德特别强调义务的纯粹性，强调它与爱好、喜悦无关，而只是对义务的敬重，认为我们只能从对法则的敬重心中汲取动力。义务并非赏心乐事，而如果在履行义务中始终期待着快乐，甚至以快

---

　　① ［德］弗里德里希·包尔生：《伦理学体系》，何怀宏、廖申白译，中国社会科学出版社 1988 年版，第 298 页。

乐为目的，那就会把人引向危险的方向，离真正的道德越来越远。当然，我们不应该否认在正常的情况下，一个主体伴随有快乐的义务行为可能也有道德价值，但这一行为之所以有道德价值，是因为在主体那里存有对责任的某种敬重，而不是因为他感到快乐。这里的关键是，只有强调对责任的纯然敬重，强调要将它作为道德行为的动力，才能够使责任与"绝对命令"相一致、相融合。责任绝非我们喜欢就履行，不喜欢就可以不履行的事情，虽然我们大多数人在大多数情况下都可能愿意履行我们的责任，甚至乐意履行我们的责任，但我们确实都可能碰到我们不愿意履行某种责任的情况、履行责任甚至将给我们带来痛苦的情况，如果说这时候就可以不履行责任（这时不履行确实常常能得到人们的谅解），那么，责任的普遍性、原则的一贯性、命令的绝对性又从何谈起？在这样一些特殊情况下，道德主体所能依赖的也就是对责任的纯然敬重之心了。也正是在这样一些特殊的时候，一种平凡的履行责任的行为会突然间放射出奇异的光彩，使目睹这一行为的人们的心灵也深深地为之感动，而这一行为的主体也由此进入了一个崇高的道德境界。

道德责任的价值归根结底还在于它具有保存生命而非毁灭生命的趋势，它原本就是以人自身为目的，是为了人而存在。道德责任不过是人类社会愿望的表达和自由选择的某种"戒律"。承担责任是利益与善的共同要求，是关于人如何获得包括物质生活在内的幸福的一种智慧生活方式，是实现社会的发展进步和个人的自由解放的必由之路。历史已对这一问题提供了无数的正反例证，特别是当前，随着20世纪的逐渐逝去，人们渐趋认识到，物质的富饶与科技的精湛并不足以应对生态环境的危机与精神家园的失落带来的困惑。人类再次切身体验到了类似于洪荒时代的那种感受，道德责任之于人的生存和发展的价值再次引起人的思考。西蒙娜·薇依从另一个侧面提醒人们："权利的概念无限地远离纯粹的善。它是善恶混杂的；因为拥有某一项权利，意味着一种利用它或者行善或者作恶的可能性。相反，一项义务的履行则始终、无条件地在各方面都是一种善。"① 当下，人类对精神出路的追问，对人格境界的探索，对道德理想的向往，对幸福生活的期盼，最终也要通过每个人具体的、实在的、真切的道德责任的担当与道德责任行为的践履得以实现。这是历史发展的必然要求，也是时代赋予我们的不可规避的职责，自然也是学校道德教育欲以提高实效性、彰显自身存在价值的最现实的任务。学校教育没有理由放弃道德责任的教育——放弃道德责任的教育就是缺乏责任的教育，没有道德责任的教育就是"不负责任"的教育。

---

① ［法］西蒙娜·薇依：《扎根：人类责任宣言绪论》，徐卫翔译，生活·读书·新知三联书店 2003 年版，第 245 页。

第三章　人要负何种责任

　　人必须要为自己的选择、行为负责；责任是人之为人的基本的道德标准。然而，作为个体的人，要承担哪些道德责任呢？在道德教育领域应当教给学生承担哪些责任呢？这些问题涉及个人对自己道德责任的认识，关乎学校道德责任教育的具体内容。对此，不同学者根据不同的标准，对道德责任作了不同的划分。道德哲学历史上已有的道德责任划分对我们考察当代新的社会背景下个体应承担的道德责任以及学校道德责任教育提供了有益的参考。然而，不可否认的是，随着社会关系在广度与深度上的历史演进以及人的认知能力的发展，道德责任也必将随之发生一系列的变化。因此，必须以一种发展的眼光来考察道德责任的内容，从而对人要负何种责任做出合理的推究与把握。

第一节　关于道德责任划分的几种主要观点

　　古今中外的学者，从不同学科领域、不同角度对道德责任的类别作了划分，即使同一学者在不同研究中，对道德责任类别的侧重点不同，划分标准和方法也会有所变化。在这里，我们选取其中比较有代表性、与本书关系较为密切的几种划分方法略加介绍。这些分类为我们考察道德责任的内容提供了历史的和理论的参照，也为学校道德责任教育的实际开展提供了有益的参考。

义务伦理学的奠基人、德国哲学家康德按照道德责任的强制性程度，将道德责任划分为"完全责任"和"不完全责任"。这种划分以责任与权利的关系为主要判据。完全责任又称之为"完全强制性责任"，意味着某种相应的明确的道德权利的存在，遵守协议、履行承诺以及公正都属于这样的责任。这些责任是确保社会的道德秩序所必需的、基本的道德责任，具有显著的道德上的"强制性"意义，因为缺乏这样的道德责任，社会最基本的道德秩序就难以维系。因而它们是任何道德体系都必须通过一定的道德机制、通过一定形式的道德权利向一个人"强加的"。"不完全强制性责任"则不然，不完全责任是指那些可供人们自由选择的责任行为，是一个人对自己的道德要求，如行善、慷慨、仁慈和博爱。人有行善的责任并不意味着别人有权利强迫一个人行善，更不意味着每个人在任何时间任何地点都应行善，而是意味着一个人如能选择适当的时间和地点行善，他就达到了较高的道德要求，尽到了自己对自己提出的道德责任。这种责任之所以是不完全的责任，是因为并非每个人都有责任尽到这种义务，也是因为并非每个人都有责任随时随地尽到这种责任。在不完全责任的基础上，不可能提出一项相应的权利，而是允许个人自愿选择，其强制性显然要弱化不少。但它们也能极大地提高社会道德生活质量和促进社会和谐。道德责任的这两种形式，亦可称两个层次的要求。后者虽更能体现道德的特征，但并不表明它比前者更重要，与一定的道德权利相对应的、具体的责任，构成了道德责任的基本内容。所谓"不完全"，实则更加强调主体性。意大利伦理学家马志尼在其论著《论人的责任》一书中，按照道德责任所关涉的对象，把道德责任划分为四种：对人类的责任、对国家的责任、对家庭的责任、对自己的责任。这种划分标准也是目前使用最普遍的一种。在该书其他部分的论述中，他又按照道德责任的属性，将道德责任分为积极责任和消极责任，即"为"和"不为"的责任。他认为，消极责任就是"只限于不做坏事"，不伤害他人。这些责任与其说是告诉我们要去做什么，不如说更多的是告诉我们不去做什么，它也并不意味着我们做什么事都想着义务、规则、约束，而是意味着不论我们做什么事，总得有个界限不能越过。同消极义务一样，积极义务也具有普遍的约束力，但它对行为主体的要求更高，因为此时行为主体不能满足于不做坏事，而且还要基于一定的判断力积极地去行动。正如马志尼所说："不做什么事情是不够的，你们必须做什么才行。"①

德国杜塞尔多夫大学哲学研究所的底特·本巴赫尔主张，从责任归因的角度看，可以将责任分为"事前责任"与"事后责任"。所谓事后责任就是因果行为责任，是作为对某一过去行为"负责"的责任，这一行为的不良后果就是由他过去的过错或失职而造成的。而"事前责任"则是作为关心将来某人某事的道德性或法律性义务的责任，目前，关于事前责任的两个论题特别重要，即关于其在横向维度和纵向维度上的延展的问题，前者是关于责任是否仅仅涉及人类和人类福利而无关自然和生态，后者是关于责任是否仅仅涉及同时代人而无关后代人的生存。无独有偶，美国道德心理学家马丁·费舍也从归因理论出发，认为"道德责任归因的全部'内容'——'我们认为个人应为此而负道德责任的东西'——至少包括行动、没有采取行动（或疏漏）以及这些行动和疏漏的后果"②。这种责任即我们平时所说的对应该做的事情和自己的行为后果所负的责任。实际上，责任伦理学的兴起，正是基于对以康德为代表的只问动机不问后果的传统伦理学的反思，以未来、将要做的事情为导向，主张人应该为自己的行为可以预见的后果负责，强调现代人在保护生态环境等方面对下一代所应该承担的责任。在根本意义上，这实际就是事前责任在纵向和横向上的延伸。

---

① ［意］马志尼：《论人的责任》，吕志士译，商务印书馆 1995 年版，第 69 页。
② ［美］约翰·马丁·费舍、马克·拉维扎：《责任与控制——一种道德责任理论》，杨韶刚译，华夏出版社 2002 年版，第 27 页。

　　瑞士心理学家皮亚杰从道德责任入手，通过对儿童道德发展的创造性研究，认为根据道德责任在个体身上的发生、发展阶段，可将道德责任分为客观责任和主观责任。客观责任是指儿童基于外界的强制或惩罚来认识和践履道德规则，他们对道德责任的评价局限于道德行为的后果，在性质上是他律的；主观责任是指儿童因为理解了道德规则本身的价值和意义而自愿内化道德要求，并自觉地把这种认识转化为道德行为，道德责任评价开始同时关注动机和结果，在性质上是自律的。自律的主观责任标志着个体责任意识和道德发展水平的成熟。

　　国内学者何怀宏倡导"普遍主义的底线伦理学"，"也就是一种试图阐述现代社会所有成员都应遵守的基本义务之内容、范围和根据的伦理学"①。在这里，我们把道德义务与道德责任视作可以相互替换的概念来理解。那么就可以认为这种底线伦理学就是以人应遵守的基本责任为核心的伦理学。底线的意义何在？我们不仅可以对道德责任的性质和要求的高度与强度作一种"底线"的理解，对这类道德责任的范围似也可作一种"底线"的理解，即它不能包括太多的内容，而应当主要由那较少的、但对人类和社会却是最重要、最为生死攸关的规范构成。何怀宏进而从另一角度把这些基本责任划分为两类：自然责任和社会责任。自然责任主要是由我们作为一个自然人的性质而产生的，是人生而为人的一种天职，不受基本社会制度的影响，是我们在任何社会里都应该履行的。当我们在谴责某种无德之行时，所谓"你还是个人吗？"指的就是这种自然责任或基本责任。第二种是社会责任，是较专门的、较狭义的由一种社会制度所规定的责任，它与制度所给予个人的职务、地位有关。

　　关于道德责任类别多种多样的划分标准本身就是道德责任复杂性、多样性的表现。这种复杂性、多样性既源于社会关系、社会生活的复杂性，也与人性、人的需求的复杂性有关。因此我们不可能找出

---

①　何怀宏：《伦理学是什么》，北京大学出版社 2002 年版，第 113 页。

一种为所有人认可的划分方法。按照责任主体的角色划分道德责任的方法，看起来非常直观，容易理解。而依据道德责任的强制性程度或者道德责任的个体发生过程来划分道德责任，的确有助于人们理解现实生活中的一些道德责任难题。既然本书是从道德教育的角度来研究道德责任，那么在道德责任的分类方面，我们更侧重于这种分类之于道德责任教育的实际意义。

第二节　关于道德责任的类别的理解

道德责任是在实际的道德关系中产生的，是调节社会中人—我、群—我利益关系的一种道德要求，并随社会关系的发展而发展。当代人们所关注的对自然生态环境的道德责任就是这种发展的一个例证。现实生活中的道德责任评价，也总是以个体的角色或在社会关系中占据的位置为出发点的。因为人在本质上是各种社会关系的总和。由此看来，道德责任总是现实的社会关系中的道德责任，个体也总是具体的社会关系中的人。社会关系，正是本书划分道德责任种类的出发点和标准。在此，我们按照个体作为社会关系的总和的这种社会关系现实化、具体化的自然展开过程，将道德责任分为基本责任和角色责任两大类别。其中，基本责任是我们重点分析的责任类别；角色责任随着个体各种社会关系在现实生活中的不断展开而日益丰富，表现出一定的层次性，对此我们也将作一定的阐释。

一　人的关系性存在的本质与基本责任

无论以何种角色行走于社会，我们首先是作为"人"而存在。我们在成为公民之前就已经是人。人，作为一个社会的成员而被赋予各种特殊身份或角色，如政治生活、经济生活、文化生活等各社会生活领域里的不同身份，因此产生了与各种身份相对应的道德责任，所谓

"为人臣止于忠，为人子止于孝，为人父止于慈"。但无论个体的社会角色如何多样，人，就其本质而言，首先是与其他动物异质的"人"。因此在人作为社会成员所负有的具体的道德责任背后，还有一些更基础的道德规范，如任何人都必须忠实、守信、不能伤害别人等。所谓基础，是指这些道德责任的履行与否，直接关乎人之为人的基本要求。这些基本的道德要求或做人的基本原则，贯穿于人的社会生活的各种关系中。无论个体占据了哪种特殊职位或身份，这些基本的道德要求都是共通的、普遍适用的。如果不了解这一点，人的责任就会流于琐碎、枝节，就会失却对责任根本意义的理解。"赋予这些责任以神圣而不可侵犯的性质的是使命，即你们作为人而具有的本性所加于你们的责任。"①

那么这种基本责任包括哪些具体内容呢？康德主张道德责任应该具备一种基本的、起码的性质，只有这样，道德法则的普遍性、严格性和一贯性才能置于一个坚实的基础之上，过高的道德要求是难于普遍化的。他在《道德形而上学基础》中指出了四种基本责任，其中"保存自己的生命"和"信守对别人的诺言"是基本或完全的责任；而"发展自己"与"帮助他人"则是不完全的责任。在后来的《道德形而上学》中，康德关于责任的分类更为细致了，但划分的基本方向还是遵循对己和对人、完全和不完全的原则。在这些责任中，并没有抽象要求，而只是一些很基本的规范，如要求人对自身不要自我戕害、自我玷污、自我陶醉，不要说谎和阿谀，要充实、提高和发展自己；对他人要守约、感恩、援助，不要骄傲自大、造谣中伤、冷嘲热讽等。但是，一个人可以通过坚持这些基本责任而进入一个异常崇高的境界——善良意志或绝对命令的道德境界。

当代义务论直觉主义的著名代表罗斯（Ross）认为，对义务的特性不能简单而论，应该具体区别"显见的义务"与"实际的或绝对

---

① ［意］马志尼：《论人的责任》，吕志士译，商务印书馆1995年版，第74页。

的义务"。所谓"显见的义务",是指我们日常所能够看到的普通的常识性义务,它是一般的、普遍的,在形式上代表着"总体的"结果。罗斯具体地罗列了七种"显见义务"(prima facie duties),并指出了它们各自所依据的不同条件和具体要求。

(1)忠诚的义务,包括遵守诺言和讲真话。

(2)赔偿的义务,即"依赖于我自己以前的行动"的某些责任,如我与他人的谈话,或曾经撰写的史著,或我已做的不义行为等,这些义务要求我们诚实改过。

(3)感恩的义务,这种义务依赖于别人以前的行为,如他曾经照顾过我,义务则要求我知恩图报,不能忘恩负义。

(4)公正的义务,这种义务基于一种快乐或幸福分配的事实与可能性,它要求人与人之间要合理地分配善性的结果。

(5)仁慈的义务,这种义务基于如下事实:在这个世界上还有其他的存在,而我们可以在德性、理智或快乐等方面使他们的存在状态和条件变得更好一些,这种义务要求我们胸怀人类、普救广施、博爱仁慈。

(6)自我完善的义务,要求我们都应当通过德性和理智的增进,使我们自己的存在状态不断完善,达到自我完善的境界。

(7)勿恶的义务,它要求我们不要伤害他人,不行恶作歹。罗斯提醒人们,这种义务是"唯一以否定的形式来陈述的义务",我们应当把它与第五种义务——仁慈的义务区别开来,仁慈的义务是以肯定的形式陈述的关于自我对待他人的义务。勿恶的义务是仁慈义务的第一步,人们只有首先做到勿行恶,才能谈得上行之以仁慈,所以最后这条责任应该具有最优先的地位和最具强制力的作用。以禁止伤害他人为内容的消极义务,作为人类社会存在的最起码的前提条件,具有普遍的适用性与约束力,任何人在任何情况下都不应违背。

罗斯的七种"显见义务"在许多方面颇类似于"摩西十诫"所规定的道德律令。

我们认为，基本的道德责任虽然也有一定的社会性、时代性、地区性、人格性，但较之角色责任，在一定的社会条件下，受基本的社会制度、具体角色的影响较小，是我们这种社会条件下都应该履行的道德责任。这种责任可以简单地概括为"学会做人"的责任。一般意义上，社会责任都是要求个人应安于其分，履行其职责，但这"分"是不是安排得公正合理，就在很大程度上决定了个人的职责是否合理，是否能够顺利履行。所以，在这方面，对社会制度是否正义的考虑将优先于个人的政治义务。换言之，我们每个人都应该在社会体系中各安其分，各敬其业；但是，我们更有必要通过社会制度创造出一个能够使每个人各得其所、各尽其能的基本条件，即创造出一个公正的社会环境，也就是说，大家都要守本分，以尽职尽责的精神做好自己的事情，而政府也要守本分，确定自己恰当的权力范围，保障各阶层、各个人的正当权利和利益不受到侵犯。所以，康德在《道德形而上学》中把社会公正与个人义务并提，把权利论与德性论视为不可分割的两部分，并且优先讨论权利论，等等，这些都具有很强的现实意义。但是，无论如何，制度的不公正即使有时可能遮蔽一个人的政治职责，却仍然不能够遮蔽一个人的自然责任或基本责任。对这些基本责任的履行是衡量一个人责任水平或意识的最基本的判据，它们都是做一个人的本分，做一个社会成员的职责，所提出的要求只是"本分"，只是"尽职"。基本责任"比较合乎人类的弱点和其近德向善的过程"。究竟是对高尚豪侠的行为的向往，还是对庄严的道德义务的敬重更能鼓舞人呢？康德认为后者有着更大的推动力。如果我们不惜牺牲自己衷心爱好的事物而力求尽自己的天职，就把自己提升到了如此的高度——就好像使自己完全超出了感性世界而获得了自由，从心中获得了一种最深厚、同时也最纯粹的道德动力，完全超出了凡俗而接近于神圣。所以，一个人完全可以在仅仅履行我们的基本责任中进入一个崇高的境界，造就一个崇高的人格。

二 社会关系的多样性与作为具体社会关系中的人的角色责任

人在本质上是一切社会关系的总和。那么这一本质是如何实现的呢？社会关系的现实化，对个人而言就是社会角色。社会关系犹如一张网，而人因为某种社会关系，占据了某个相应的位置，扮演着某种角色。每种角色都是某种社会关系的交汇点，承载着特定的社会关系的准则和要求。对处于某种角色的个体来说，这种规则或要求就是责任。就个人而已，社会生活展开的过程，就是社会关系不断拓展的过程。这种社会关系，从个人生活领域慢慢扩展到公共生活领域乃至全球化领域中。据此，我们可以把角色责任分为个人生活领域的责任、公共生活领域的责任以及全球化视野中的责任三类。

（一）个人生活领域中的道德责任

这里，我们所说的个人生活，是相对而言的，因为我们无法完全把个人生活和公共生活区别开来。个体的自我认识、自我评价以及与家庭成员之间的关系，都属于个人生活的范围。个体的生命在社会中的开始，总是从建立在血缘关系基础上的家庭开始的。以血缘关系为基础的社会关系，不同于陌生人之间的社会关系。在这一关系基础上产生的道德责任，自然不同于其他与社会角色相关的道德责任。

1. 对自己的责任

基本责任能够在何种程度上得到实现，取决于个体对自我作为"人"这一社会存在的深刻认识。倡导自我责任的最杰出的代表，是海德格尔的一位名叫魏舍德尔（Wilhelm Weischedel）的学生。他曾于1933年出版了一部题为《责任的本质》的著作，专门阐述了自我责任的理念。在他看来，所谓自我责任包含两个基本含义。第一种是指"在我自己面前产生的责任"，即自我产生的责任意识，是由于自己而不是因为其他主管或制裁机构强迫我产生的责任意识。我自己就是主管，能够对自己进行评判。为了能够对自己做出评判，我必须自己与自己保持距离，这样责任意识才能在我自己面前产生。第二种是指自己对自己、对自己行为的责任——即我对自己要负责。在魏舍德尔看来，自我责任意味着人的彻底自由；人正是由于他能为自己承担责任，他才是真正自由的。自我责任的意义还表现在：它是社会责任的主管。一个人首先必须有自我责任之感，他才可能谈得到社会责任。即便是对上帝的宗教责任，也是以自我责任为基础的。深刻的自我责任意识是一切的根基，它构成了人的生存的意义。正是由于有了对自我责任的正确理解，才有可能使人们有关存在的疑问得到解答。这与中国传统儒学所谓的"格物、致知、修身、齐家、治国、平天下"，有异曲同工之妙。

德国近代著名哲学家包尔生认为，个人生活是其他一切社会生活的起点，因此"关心他人幸福的义务首先被这样一点所限制，即所有的义务都产生于个人的自己的生活。个人的第一个义务是发展和运用自然赋予他的能力和体力，使他的生活变得美好"①。意大利哲学家马志尼也主张："你们有生命，因此你们有生活的法则……发展自己，行动起来，按照生活的法则生活，是你们首要的，不，是你们唯一的责任。"② 在他看来，发展我们自己的能力就是一种责任。关心自己的健康、爱惜生命，是一个人对自己首要的责任。一个人若以不明智的行为毁坏自己的健康，在懒惰和放任中浪费自己的精力，就违反了对自己的责任。甚至"每当你们对于一种在自己或他人身上构成人性的才能进行压制或任其受压制时，你们就降至兽类的水平"③。就当代道德教育而言，培育学生对自己的道德责任显得尤其重要。

人对自我负责，即是对自己的人生历程负责，其基本的要求就是珍惜生命，并追求有价值的生命。具体来说，可概括为"自爱、自尊、自律、自强"。自爱，即爱惜自己的身体、人格和名誉，这是人

---

① ［德］弗里德里希·包尔生：《伦理学体系》，何怀宏、廖申白译，中国社会科学出版社 1988 年版，第 553 页。

② ［意］马志尼：《论人的责任》，吕志士译，商务印书馆 1995 年版，第 100 页。

③ ［意］马志尼：《论人的责任》，吕志士译，商务印书馆 1995 年版，第 100 页。

生自我责任的基础。做人的责任意识最初是从每个人对自己的生命爱护的原始欲望，逐步发展为社会性自爱的责任意识的过程。自尊，是与自爱紧密联系在一起的一种自我肯定的态度，表现为承认和重视自我在社会中的存在价值，喜欢和热爱自我的情绪以及接受自我的意向。一个人如果缺乏自尊就没有人格的追求，就无法体现他的个性，也就否定了自己的存在。自律，表现为主体自觉地按照"应当如何"的要求对自己的行为所产生的约束力，体现了一种深刻的理性精神。要真正做到自爱、自尊，就必须能够并且善于选择自己的行为，自觉地约束和控制与责任目标不符合的行为。只有达到了自律，才会成为一个有教养的、高尚的人。自强，是自爱、自尊、自律的升华。它既是人对自己能力和行为所产生的信任和感情，也蕴含着一种不满足的现状、不断向上的奋进精神，是行为者对自己提出的内在要求。正是因为有了这种积极奋进的精神，才使得自我责任处于一种自觉的、积极的状态中，而不是消极被动的状态。因此，在履行人生自我责任的过程中，自强不仅包含深刻的自我批评精神，同时，也为我们实现自我责任提出了新的目标，并要求个体为此做出不懈的努力和奋斗。

2. 对家庭的责任

西塞罗认为家庭是"情感之国"，是公民政府的基础，是国家的"苗床"。家庭包含了一种在其他任何地方都难以找到的幸福因素，即恒久性。如果要作一比较，把道德责任分出主次的话，"首先是国家和父母；为他们服务乃是我们所负有的最重大的责任。其次是儿女和家人，他们只能指望我们来抚养，他们不可能得到其他人的保护。最后是亲戚，在日常生活中他们往往能与我们和睦相处，而且其中绝大多数人都能与我们同舟共济"①。如果一个人对自己的家庭都不负责，怎能信任他能对整个社会和国家负责？

我国传统儒学对"孝""悌""慈""敬""恭"等家庭道德规范

---

① ［古罗马］西塞罗：《西塞罗三论》，徐奕春译，商务印书馆1998年版，第116页。

做出了深刻的阐述，为我们理解对家庭的责任提供了丰厚的史料。中国的道德形成是以家庭为起点的，在家行孝、为国尽忠，所谓"父母在，不远游""父父子子"等，这是中国古老的传统美德。虽然在现代社会中它们被赋予了新的含义，但其中的思想内核却不会时过境迁。结合中国传统的伦理道德，进行归属教育，培养孝敬父母、尊敬长辈的基本人伦意识，是目前值得注意的一个基本问题。随着独生子女的增多，如何教孩子学会关心家庭、孝敬父母，已经成为一个日益普遍的社会问题。"三千宠爱集一身""4＋2＋1"的现代家庭模式使孩子越来越习惯了被关心、被重视，权利意识膨胀，却忽略了对父母、兄弟姐妹应有的感恩和力所能及的关爱。这种道德责任与道德权利的失衡，必然会随着孩子的成长而扩展到更加广泛的社会生活领域中。家庭，在一定意义上是各种社会问题的起点；家庭责任教育也成为学校道德责任教育的一项重要内容。

（二）公共生活领域中的道德责任

所谓公共生活领域中的道德责任，表现为个体对个人生活之外的他人和以集体形式出现的各种大"人"的责任。包尔生认为，"善良意志对于集体的情感表现为三种基本形式——不包括对家庭联合体的情感形式，因为在这种联合体中，爱的感情基本上还是一种个人的事情——乡土之爱、国家之爱和人类之爱"[①]。现实社会生活的多样性，使得各种集体的形式日益多样化。在这里我们只将其与对他人的责任作简单区别，概括论述对集体、社会、国家的责任。

1. 对他人的责任

这里的他人是指除个人和家庭成员之外的个体。人不是孤立的存在，在其周围还有众多生命存在。只是洁身自好并没有尽到自己的责任，我们还要帮助周围所有的人，教育他们，使自己完善，也使别人

---

① ［德］弗里德里希·包尔生：《伦理学体系》，何怀宏、廖申白译，中国社会科学出版社1988年版，第568—569页。

完善。个人能够在社会中生存，是因为有他人的存在。如果没有他人的存在，社会就不成其为社会，个人也不能存在。人与人之间的这种相互依赖性，在生产力低下的原始社会是如此，在具有社会化大生产特征的现代社会更是如此。这就决定了人与人之间必须相互承担责任，每个人的生存都依赖于他人对其负责，是他人对其负责的结果。同样，个人的发展也必须依赖他人的帮助。个人的知识和能力不是先天就有，不是无所不知、无所不能，而是需要他人的帮助和教化。个人的成长进步是受惠于他人对其负责的结果，因此，任何人也都有责任帮助他人发展。

倡导社会责任或"为他性责任"的典型代表是法国哲学家列维那斯。他倡导一种极端的、以他人为导向的责任意识。即一当我与有帮助之需求的人相遇，责任便自动降临在我面前。并不是我选择了责任，实际上我根本就不可能进行选择，而是我由于别人之需求而成了"人质"，在这责任面前我根本就不可能脱身，尽管这有可能违背我自己的意愿。我在这里是彻底被动的，但是一经被责任选上，我除了承担责任之外便并没有其他出路，也正是这种为他人的责任构成了我之独特性的一个理由，是塑造伦理人格的理由，是我之成为我的理由。我负责，所以我就存在。我只是在作为负责任的生物的意义上才存在于世。我的唯一性、我的同一性就存在于这种无法取代的、不可置换的对他人的责任的关系中，"人只是从他人那里才达到其自身"。而且这种责任从某种意义上讲是不对等、不对称的。我虽应当关爱他人，因为他人的召唤使我承担起责任，但在这里并不发生有来有往的相互作用。即我负责，却并不需要问及别人是否报答，这叫作伦理学上的不对称性。

列维那斯关于对他人的责任的理论因其过度强调他人指向，招致了相当多的批评。例如伦克就认为他的理论"无行为导向性"。长久以来的提倡毫不利己、专门利人的无私奉献精神，在当代也陷入了困境。现代经济学家茅于轼在其所著《中国人的道德前景》一书中举例对此种道德现象作了独特的分析。其一是我们自小就被教导的"孔融让梨"的故事。孔融基于自己的道德认识，主动把大的梨子让给了别人，得到了大家的肯定。但在现实社会中，就会有人利用这种美德，或者心安理得地等着拿大梨，或者先下手拿大梨，还振振有词地说："我把发扬美德的机会留给你了。"另一个故事是君子国的商货交易。集市上一买主与一卖主就生意争执起来：买主因为货品分量高了，执意要多给银子；卖主坚持自己的货色不是特别好，所以不能昧良心多收银子，结果双方争执不下。现代社会关于道德权利的讨论，使我们就对他人的责任有了新的理解。从道德主体出发，虽然不能以获得一定的报酬或奖赏、享受一定的道德权利为动机，但这也不意味着应当以损害个体自身合理的经济、道德权益为代价。从责任对象来看，包尔生认为，关心他人的幸福"必须谨防破坏他的独立性。因为依靠自己是一种健康的正常的生活的基本前提。全部帮助的目的首先是为了使帮助成为多余"①。在人与人的关系中，真正的善行没有其他的作用，只有在它成功地使人自立时，它才实现了自己的目的。除了第一人称和第三人称的道德责任主张外，美国密歇根大学哲学系哲学家达沃尔（Darwall）教授提出了第二人称的道德责任主张②。他是一个义务论者，继承了康德的道德义务的先验根源的探索，然而，他把康德的义务根源推到了人与人的关系上面，从而补充了康德的实践理性自我立法的思想，康德虽然强调了道德主体的道德行动的纯洁性，但忽略了人与人的相互关系对人的道德要求。这一道德要求其实在达沃尔教授看来，就是道德责任和义务的根源，每一个人面对的其实是一个第二人称的立场，也就是在相互的关系中，把他人当作一个在场的"你"。这个"你"向你提出了道德责任和义务，每一个人都是

---

① ［德］弗里德里希·包尔生：《伦理学体系》，何怀宏、廖申白译，中国社会科学出版社 1988 年版，第 555 页。

② 金生鈜：《道德责任的理由和基础》，http://blog. edu. cn/user3/jinshenghong/archives/2007/1888636. shtml。

"你",因此,道德责任也是相互的、平等的,道德权利也是相互的、平等的。这样,道德责任不是来自实践理性的自我立法,而是首先通过道德关系的第二人称的性质。从这一思想不难辨出马丁布伯尔的我与你的关系,我们把每一个人当作我面前的你,从而亲切地对话,我们仅仅是一个对话者,而不是一个义务和责任的发出者和承担者,也不是一个要求者,但是达沃尔的理论让我们感觉到在现实的生活关系中产生道德要求和道德义务的可能性和必然性。列维纳斯提出了人的在他性,并把在他性看作是道德责任的源泉,也就是道德的基础,这一在他性其实也是寻求的人对他者的道德责任,也就是对人类自己的兄弟姐妹的道德责任。金生鈜认为,这一点与第二人称的立场不矛盾,因为当我们把每一个我视为他者的时候,这说明我与他人的不可分割,这种相互关系的不可分割使得我们采取第二人称的立场,从中发展出道德责任和义务,前者是本体,说明道德的最终的根源,但后者是一直合宜和正当的道德立场,从这种道德立场中必然蕴含着道德责任和义务。我们中国传统的伦理学虽然强调关系,但是,一方面,我们的关系是从自我出发的,或者是从他者出发的;另一方面,道德要求是单方面的,存在一个发出者和接受者之分,其实也就是上下之分的,所以中国的人伦关系是等级性的,道德要求或道德义务也是从上到下的。从我与你(第二人称)或者说我的第二人称立场来看道德关系以及道德义务的源泉当然把道德责任放置在实在的关系上。无论是哪种主张,都强调关系范畴之于道德责任的重要意义,只不过他们的侧重点不同。

对他人的道德责任的具体要求就是:个体应具有热爱他人的情感,尊重他人的品格,理解他人的能力,乐于助人的精神;应养成尊重他人、热爱他人、帮助他人的心向,养成自觉履行自己诺言的习惯;学会明辨是非,学会正确处理个人与他人的关系,对自己所接触和相关的人负责,使个体在适应环境和人际关系中达到外在和谐,也使自己达到身体、智力、情绪的内外和谐。

2. 对集体、社会和国家的责任

在现代社会里，任何人都不可能游离于社会生活的体系之外，合群性是人天生具有的一种社会本能。人一旦进入了人类共同生活的相互作用的系统之中，社会生活的共同规则与秩序强加在他身上的那种责任便自行启动了，他几乎可以说是没有选择不负责任的余地。因为他不可能逃脱出这一先定秩序的框架之外。正如西塞罗的观点："当你以一种理性的眼光全面地考察了人与人之间的各种关系之后，你就会发现，在一切社会关系中没有比用国家把我们每个人联系起来的那种社会关系更亲密的了。"① 国家是我们劳动的地方。我们按照真正的原则为我们的国家劳动时，就是为全人类劳动，我们的国家是我们必须为了共同的福利而运用的支点。"国家不是个聚集体，而是一种联合体。"② 联合体意味着国家的存在与发展是符合个体的需要的，因此个体应自觉以国家成员的要求规范自己的思想和行为。个体和国家的关系是一荣俱荣、一损俱损。所以"把各自的个人利益与整个国家的利益融为一体，应当是所有人的主要目标"③。

个人总是处在一定的集体和社会中，每个人在自己的生命历程中都处在多重的社会关系中，他在接受先于他而存在的社会关系以及创造社会关系的过程中，无时不以某种方式与社会发生关系，因而随时都面临着怎样处理个人发展和社会发展、个人自由和社会秩序及社会团结的关系问题，这是一个永恒的伦理学主题。正是由于个人和社会的这种显而易见又极为重要的关系的存在，要求个体无论何时何地，都必须对社会存有道德责任心。对学生而言，对集体和社会负责，要求学生在集体活动中学会宽容、学会理解、学会控制、学会竞争、学会合作，明确如何使个人的行为遵循集体的规范，个人的利益服从集体的利益，从而培养学生正确处理个人与集体的关系的能力；培养学

① ［古罗马］西塞罗：《西塞罗三论》，徐奕春译，商务印书馆1998年版，第116页。
② ［意］马志尼：《论人的责任》，吕志士译，商务印书馆1995年版，第89页。
③ ［古罗马］西塞罗：《西塞罗三论》，徐奕春译，商务印书馆1998年版，第221页。

生具有热爱祖国的信念、情感及保卫祖国、维护祖国尊严的意识，具有为国家社稷之"大我"而克制个人之"小我"的大志之气；教育学生自觉遵守国家的法律，个人利益服从民族与国家的利益，勇于参与社会变革，树立"天下兴亡，我的责任"的信念，而不是停留在泛泛的"匹夫有责"的一般认识上便自我满足。爱国主义和民族自豪感是较高层次责任感的表现，是社会责任感的核心。培养学生对国家、对民族的责任感，就应让学生对国家与民族的过去、现状有比较清醒的认识，树立爱国的精神支柱。让学生在各种活动中经历对国家、对民族责任感的体验，形成对国家、对民族负责的能力，围绕"知国情、记国耻、明国策、扬国魂"，对学生进行社会责任感的培养。

（三）全球化视域中的道德责任

在这里，我们把对人类及生态环境的责任单列出来，并不是因为人类和生态环境是公共生活之外的事情，而是因为这两者反映了道德责任内容在当代的新发展。这两种责任，更加体现了道德责任与道德权利关系非完全对等的复杂关系以及道德责任较之法律责任、经济责任等具备的前瞻性。

1. 对人类及其后代的责任

现代社会出现了全球化、国际化的趋势，世界各国联系越来越紧密，广泛的合作普遍存在于政治、经济、文化各个领域。特别是随着近年来全球性问题的出现，世界各国的联系向纵深处发展。相互之间的连带关系使人们越来越认识到，人类已不再是一个抽象的概念，具体的个人除了生存于特定的国家，同时也拥有一个共同的家园，个人和国家的存在其实是一个整体的存在。人们在行动时，应当充分地意识到这一点，避免对类的存在造成破坏，否则个人将难以保存自己。马志尼认为："首要的责任是对人类的责任，所谓首要不是就时间来说，而是就重要性而言。"① 人生而为人，就有一种人的天职，他就要

---

① ［意］马志尼：《论人的责任》，吕志士译，商务印书馆1995年版，第74页。

在自己能力的范围内，为这个世界、为其他的人做些什么。他所食所用、所喜欢、所看重的一切都不是从天上掉下来的，必有人为之付出劳动，即使这些均为自然界所赐，他对这自然界也负有一种义务。比如甘地再繁忙也会每日纺完一定分量的纱才安心入睡。又如第二次世界大战中的马歇尔，曾对一个与他一起高度紧张地工作了一整天的部下说："你今天挣到你的饭了。"这不是赞赏，却胜似赞赏。有什么能比"我履行了我的职责"更让人感到欣慰和骄傲的呢？

家庭和国家就像一个大圆圈里包含的小圆圈，也像阶梯，缺了哪一级都不能再向上攀登，但是也不能在任何一级上驻步不前。我们是随着整个人类的进步而进步的；没有整体的进步，就无法实现个体实现的道德和物质条件的改善。一般说来，即使人们愿意，也无法把自己的生活同人类的生活分开，"我"存在于"我们"之中，人生活在人类当中，靠它活着，为它活着，除极少数有特殊能力的人而外，人不可避免要受周围因素的影响。正如不管体质多么强壮，免不了要受周围污浊空气的侵袭一样。"人类社会的要求和把人们联系在一起的契约比对思辨的知识的追求更重要。"① 因此，"应当把一切有助于维护人类社会的责任置于那种只是由沉思和科学所产生的责任之上"②。我们有责任尊重、保护和维持存在于人类所有成员之间的那种融洽友好的关系。

2. 对生态的责任

从世界历史发展的进程来看，全球化是不以人的意志为转移的客观历史进程。全球化时代国与国之间、民族与民族之间、群体与群体之间的合作与联系逐渐增强，人与自然的关系随着全球范围内生态问题的扩大化也不断地进入社会发展的视阈之内。伦理学由只涉及人对人的行为转向关注与人的生活范围内的所有生命活动有关的行为。人

---

① ［古罗马］西塞罗：《西塞罗三论》，徐奕春译，商务印书馆 1998 年版，第 163 页。

② ［古罗马］西塞罗：《西塞罗三论》，徐奕春译，商务印书馆 1998 年版，第 163 页。

类生存的环境越来越具有"公共"性质，人与自然的关系成为全人类所关注的共同焦点。人类开始有意识地摆脱"人类中心主义"作为一种思想意识的控制，逐步走向人与自然的和谐发展。对生态的道德责任，是道德责任和道德哲学在当代的新发展的表现之一。

目前基于人类的生存现状，对人所生活其中的生态环境承担道德责任，已经达成了基本共识。但关于人在何种意义上对动物、植物和生态环境负有责任，其论证却是难以一致。传统的论证方法是，我们之所以有仁慈地对待动物的责任，是因为我们有仁慈地对待自己的同胞的责任，如果残忍地对待动物，会殃及我们对待同胞的态度，使自己的性情变得残忍。洛克在《关于教育的几点思考》中就表达了这样一种思想，在他看来，对动物的伤害在道德上的错误不是源于动物有天赋权利，而在于对动物的残忍会给人的道德造成消极影响。另一种解决方法是直接确认动物本身即具有权利。如劳伦斯认为，根据自然法的原理，"生命""智力"和"感觉"是享有权利的充足条件，而在这些方面动物与人是相同的。在现代，人们甚至把权利赋予了包括动物在内的整个自然界。美国的特赖伯把自然界实体的需要和利益与人类相比，肯定了自然界的权利。从终极意义上看，我们在人与动物的关系中发现的是人与人的关系，人之所以要对除自己之外的其他生命存在负责，其最深刻和真正的根源在于我们对作为整体人类延续的后代人负有责任。换言之，是人们的生存和发展的权利决定了我们有善待包括动物在内的整个大自然的责任。在生态环境遭受严重破坏甚至已直接威胁到后代生存的今天，我们更能感悟人对生态的责任具有的这种性质。

需要指出的是，在理论上，我们可以按上述分类对道德责任进行分别考察，但在实际生活中，各种道德责任往往是同时集合在一个人身上。而且，上述分类的顺序，并不完全代表各种道德责任的重要性的排序。人的基本责任是各种具体的角色责任的"最大公约数"，它超越了具体角色的限制，是人之所以为人而不是某种角色的人的基本共性。基本责任在各种角色责任中得以体现。如尊重是做人的一项基本责任，它可以具体表现为对自己、对他人的尊重；角色责任是个体自我实现的途径，它使个体得以固着在社会中，占有一席之地。其中，对自己负责，是其他各种角色责任的基本前提。生命是运动的，人类社会生活也是不断进化的，因而职责也就随"自己的发展而增长"，它不是一成不变的理性原则，而是开放的变化过程。社会越发展，道德职责就越复杂、越具体，因而也就越容易为人们所感受并加以履行。

第三节　道德责任之间的冲突

由于人的角色的多样性、社会关系的复杂性，在某些情境中，基本责任和角色责任以及角色责任相互之间难免会发生各种冲突。生活中这样的事例俯拾皆是，古代所谓"忠孝不能两全"，讲的就是对家庭的责任和对社会、国家的责任的冲突。正如萨特被问及的问题：某个青年人是应该留在家里照顾母亲还是响应国家的号召奔赴前线？这种道德责任冲突的困境，反映了道德责任本身的复杂性，而道德成熟正是在解决类似冲突中得以发展并实现的。那么如何解决这样的冲突呢？有没有一个普遍适用的解决方案或标准？

西塞罗认为："在采取任何行动时必须牢牢地掌握三个原则：第一，感情冲动必须服从理性，因为这是保证我们履行职责的最好方法；第二，仔细估量自己想要达到的目标的重要性，以便使自己对该目标的关注既不超过也不少于它的实际需要；第三，对一切事情都要奉行中庸之道。……不过，在这三个原则中最重要的是，将感情冲动置于理性的控制之下。"① 就现实生活而言，社会关系的亲疏远近，是

_____

① ［古罗马］西塞罗：《西塞罗三论》，徐奕春译，商务印书馆1998年版，第155页。

我们在选择道德责任时的一个重要影响因素。人类社会的关系有亲疏、等级之别。如个体所属的团体，有民族、部落、城邦的区别。更密切的社会联系存在于亲属之间。在家庭关系中，最基本的联系纽带是夫妻，其次是父母与子女，然后是兄弟姐妹和嫡堂（或）表兄弟姐妹的子女。待他们长大成人，他们就搬出去另建新家，然后再通过婚姻又产生新的血亲关系。这样一代代地繁衍和分裂出新的家庭，于是慢慢就形成了国家。我们的责任总是要依据我们的生活而层层展开，从我们的家人、亲朋好友、近邻扩及其他陌生人。因此在履行道德责任时，按照社会关系的各种等级提供帮助与按照情况的轻重缓急提供帮助，这两者往往是不一致的。正如西塞罗所言：“每履行一次道德责任，都应当将诸如此类的问题考虑一番（而且我们应当养成并保持这种习惯），以便成为善于计算责任的人，能够通过增减准确地平衡责任的收支，确实弄清楚对每个人应尽多大的责任。”① “假如人们能按照与自己关系的密切程度对每个人都表现出仁慈，那么社会利益和社会公约就会得到最好的保护。”② 西塞罗同时又强调：“在选择相互冲突的责任时，应把人类社会的利益所需要的那类责任放在首位。”③ 他特别以对他人的责任为例，认为“有必要确定我们对于特殊的邻人的特殊的责任”，所谓特殊的邻人，如自己的孩子、父母、亲戚、朋友、佣人、邻居或合住者。个体的能力与财产首先是属于这些人的。假如你要把自己的财产让给不认识的人，乞丐或各种各样的慈善事业，而让自己的家庭成员忍受贫困，这种行为是不应该受到积极的道德评价的。首先是义务，其次才是职责以外的工作；先要履行你的特殊的义务，然后再去找更多的需要解决的问题。总之，“友邻之爱的准则——关心他人的幸福，必须加以下述的限制和补充：只有不忽视你自己的生活问题，不违反从你同其他个人和集体的特殊关系中产生

① ［古罗马］西塞罗：《西塞罗三论》，徐奕春译，商务印书馆1998年版，第117页。
② ［古罗马］西塞罗：《西塞罗三论》，徐奕春译，商务印书馆1998年版，第113页。
③ ［古罗马］西塞罗：《西塞罗三论》，徐奕春译，商务印书馆1998年版，第164页。

出来的特殊义务，最后，只有不削弱他人的自立能力，这个准则才是可以成立的"①。

这种按关系亲疏远近来确定道德责任轻重缓急的方法听起来比较合理，比如较之发生在世界另一端的自然灾难，我们更愿意对自己身边的人解囊相助。伦克则总结出了关于确定道德责任秩序的原则。他认为解决伦理悖论的方法，除了依靠交谈程序，在当事人之间谋求妥协与共识之外，还应依照一定的基本原则。他提出了以下"优先秩序"原则：

（1）当事人的道德权利优先于对利益的考量；

（2）人权正义的行为优先于纯粹事物性的正义；

（3）公共福祉优先于其他特殊的非道德的利益；

（4）人类、社会的可承受性优先于环境、物种、自然的可承受性。在大部分情况下，两者是一致的，所以应寻求妥协之道；

（5）当遇到两项同等权利相互冲突之时，应同等对待，寻求妥协；

（6）普遍的及直接的道德责任优先于非道德的、有限的义务，即普遍的道德责任优于角色—任务性责任；

（7）直接的、原初的道德责任在大部分情况下优先于间接的、远距离的责任；

（8）在紧急情况下，生态的可承受性优先于经济利用。我国学者沈晓阳也提出了类似的程序性原则。② 这一原则总的精神是：凡是重大的、紧急的、约束力强的责任，应该在排列顺序上给予优先，反之则可以逐次往后排列。他的"责任优先"包括如下五个方面：第一，保护生命优先。在绝大部分情况下，凡是涉及人的生命危险的，我们都应该把抢救和保护生命作为一项绝对责任予以优先考虑。第二，紧

---

① ［德］弗里德里希·包尔生：《伦理学体系》，何怀宏、廖申白译，中国社会科学出版社1988年版，第556页。

② 沈晓阳：《论责任的内涵、根据、原则》，《重庆师院学报》（哲学社会科学版）2002年第1期。

急状态优先。如果有同样重要的两种责任需要我们去履行，而我们又不可能同时履行这两种责任，那么，哪一种责任更为紧迫，错过了这一时机就会造成无法弥补的损失，我们就应该先履行哪一种责任。第三，角色责任优先。在角色责任与自然责任之间，自然责任虽然十分重要，但除非直接关系人的生命危险，否则每个人都应首先通过自己特定的社会角色而从特定方面来履行自己的自然责任。因为如果离开角色责任而笼统地谈论自然责任，往往会导致社会结构体系的混乱甚至社会的崩溃。第四，社会利益优先。除了涉及生命或关系某种紧急状态之外，我们在履行责任时必须把社会利益放在优先地位，因为社会利益是我们责任的主要指向。第五，法律责任优先。在法律责任与道德责任之间，法律责任是一个公民最基本的责任，也是强制性约束力较强的责任，因此虽然道德责任与法律责任之间发生冲突的现象也可能出现，但一般来说，一个人只有首先履行好法律所规定的责任，才有可能进一步履行道德所规定的责任。这些优先原则只是就大致顺序作了排列，至于现实生活中各种责任之间的冲突总是要复杂得多，绝非简单套用公式就能圆满解决的，这就需要一种实践智慧，根据各种具体境遇具体分析。虽然看上去这些方法或原则类似于数学运算，锱铢必较。但它实际上反映了人的道德责任的养成并非一蹴而就的。人总是处于实实在在的实际利益关系中，实实在在的生活中。道德责任产生于利益关系。而对于个人而言，既定的道德责任的意义并不像对原始人那样来得直接，总是需要一个发展过程，才能达到理想境界。而关于道德责任的思考和选择本身就是个体道德成熟的过程。

总之，道德责任的内容是随着社会关系的发展而发展的。在人类认识水平低下的时代，人的责任意识、水平受地域、环境状况的影响较大，人只能生存于特定而又狭小的文化场域和自然时空中，人与人之间的交往与互动非常有限。但这种"局域共生"状态在网络时代几乎不复存在，每个人可以随时随地与地球上任何地方的任何人发生联系，生成某种关系。这种联系是自由的也是不自由的。信息时代的个体具有了从未有过的自由选择性，如果愿意，他可以在相当程度上放弃政治权力为他划定的疆界、利益和责任。当代人无疑正在朝着两个相反的方向发展：一方面越来越自由、独立，越来越成为莱布尼茨式的"单子"，互不干扰和影响；但另一方面人的命运越来越紧密地联系在一起，如果脱离了他人就不可能生存下去。人类越来越相互依存、共生共亡。这种共生共亡不仅表现在人与人之间、国家与国家之间，也同样表现在人与动物之间、人与环境之间。正是由于人的社会关系在时空上的拓展和形式上的复杂化，道德责任也随之多样化、复杂化，道德责任的重要意义也以更加间接的方式表现出来。这给学校道德责任教育的推动和发展带来了可以想见的难度。

　　分析了道德责任的概念、原因及内容，仍然有这样一些问题困扰着我们：人怎么样才能理解并内化关于道德责任的认识，洞察负责的重大意义，并自愿承担各种责任呢？或者，简言之，道德责任是如何在个体身上成为可能的呢？这是与我们关于道德责任教育的探讨关系最紧密的一部分，因为只有了解了道德责任的个体发生机制，道德责任教育才能有的放矢地运行。

第四章　人何以能负责

从道德责任的发生学意义上说，人何以能负责的问题就是人的道德责任如何发生的问题。这一问题比道德责任的内涵和意义更具实质性意义，因为它指向道德责任的教育能不能进行、如何进行这一关涉本论题的关键问题以及道德责任教育可行性的学理基础问题。

众所周知，当代道德教育理论研究所涉及的学科领域愈益广泛，埃利亚斯指出："道德教学是一个需要多学科共同研究的领域，仅仅通过一门学科来探讨这一领域既是有限的，也是危险的。"① 从多学科整合的视角寻求道德教学合理的方法论基础，是当代道德教育理论家孜孜以求的目标。事实上，自18世纪末19世纪初德国教育家赫尔巴特第一个从伦理学和心理学的结合上构建教育理论的大厦以来，这两个学科就一直被视为教育的两大理论支柱。在道德教育领域，这一倾向就更为明显。从某种意义上讲，以道德哲学和道德心理学为基础规划道德教育的理论，指导道德教育的实践，已经成为当代道德教育研究的一个普遍倾向。当代著名道德教育理论家劳伦斯·柯尔伯格曾经说过："道德哲学和道德心理学乃是探讨道德教育的两个基本领域，道德心理学研究道德发展是什么的问题，道德哲学则考虑道德发展应该是什么的问题。要为道德教育提供一个合理的基础，就必须把心理

---

① 王囡：《论道德教学之可能及其限度》，硕士学位论文，山东师范大学，2006年，第33页。

学上的'是'（is）和哲学上的'应该'（ought to）这两种探讨结合起来。"① 哲学借助理性的思考获得理想和信仰，心理学则使哲学的论证纳入一个科学的精致的结构，二者对道德教育来说均不可或缺。社会学对道德教育问题的贡献也是不可忽视的。社会学探讨道德发展和道德教育的方法被看作是解释道德社会化或者说道德价值观的社会化的一种成功且有益的尝试。埃利亚斯（Elias，J. L.）认为："价值观是个人在各种社会环境下所作的选择或喜好。"② 道德发展的社会学研究就是侧重于分析集体生活——团体、社区、制度、结构以及整个社会和文化对个体道德发展的影响。因此，"社会科学有助于我们理解道德发展和道德教育，它的重要性就在于对社会环境的解释，正是在这种环境中人们被道德地教育着。社会科学理所当然地认为人们很大程度上是被社会环境塑造的"③。本章对道德责任之可能的论证就是以上述三个学科为支撑的，期望借此为学校道德责任教育的进行提供多视角的参照与理论支持。

第一节　哲学论证：人的自由存在本质使道德责任成为可能

道德责任何以可能？既然道德责任是人之为人的本质规定，那么对此问题的回答，首先就要从人的存在本质谈起。马克思断言："一个种的全部特性、种的类特性就在于生命活动的性质，而人的类特性恰恰就是自由的自觉的活动。"④ 自由是道德哲学的一个基本范畴，有

① 戚万学：《冲突与整合——20 世纪西方道德教育理论》，山东教育出版社 1995 年版，第 56 页。

② 戚万学等：《道德学习与道德教育》，山东教育出版社 2006 年版，第 48 页。

③ 戚万学等：《道德学习与道德教育》，山东教育出版社 2006 年版，第 47 页。

④ 《马克思恩格斯全集》（第四十二卷），人民出版社 1956 年版，第 96 页。

学者甚至提出"全部伦理学问题都起源于人的自由"①。在这个意义上,"自由是一个前伦理学概念,或者说是一个作为伦理学基础的概念"②。那么自由以及道德自由到底是什么呢?

一 自由意志是人之为人的存在本质

人是有自由意志的,自由意志是人之为人的存在本质,是人作为有理性的存在者所具有的自主决定自己思想和活动的能力,是个人不受外在自然或内在自然所制约或干预的自主状态。"意志的自由意味着那种依靠理性和良心,根据目标和法则,独立于感官冲动和爱好,而决定一个人的生活的能力;意志自由意味着人拥有这样一种能力,实际上正是这种能力构成了人的本质,没有人怀疑过这一点。"③ 自由就是人的本质,除了自由之外,人什么都不是,除了自由之外,人别无本质。人的一生就是通过自由选择创造自己的本质的过程。人类的历史就是一部由必然王国走向自由王国的历史。一个人抛弃了自由就等于贬低和出卖了自己的存在,甚至消灭了自己的生命和价值,使自己不再是自己生命的主人。

意志自由表现了人性中一种真实、积极的能力。动物也有意志,但我们不能把自由意志归之于它们。因为动物是被暂时的冲动和知觉推动的,只有在发展程度较高的动物那里,才存在着初级形式的考虑、犹豫和选择。这种意识过程是人的特征。因为"人不是被他的冲动决定的,而是他自己根据目的的观念决定自己"④。

动物是自然过程变化的一个点,它本身是自然的一部分,不断地从外面被接近它的刺激和影响所决定。而另一方面,"人却以某种方

---

① 赵汀阳:《论可能生活》,生活·读书·新知三联书店 1994 年版,第 97 页。
② 赵汀阳:《论可能生活》,生活·读书·新知三联书店 1994 年版,第 97 页。
③ [德]弗里德里希·包尔生:《伦理学体系》,何怀宏、廖申白译,中国社会科学出版社 1988 年版,第 401 页。
④ [德]弗里德里希·包尔生:《伦理学体系》,何怀宏、廖申白译,中国社会科学出版社 1988 年版,第 398 页。

式使自己从自然过程中解放出来；他从自然界上升，作为一个自我与它对立；他决定它运用它，而不受它的决定：人变成一种人格。这样他就能够把他整个的自我放入他生活的每一方面，因此他要对他的每一特殊行为负责"①。西塞罗也进行过阐述，他认为："人与兽之间最显著的区别是：兽只为感观所驱使，几乎没有什么过去或未来的概念，只是使自己适应于现在此刻的情形；而人（因为他有理性，凭借这种理性他能领悟到一连串后果，看出事情的起因，理解因对果和果对因的关系，进行类比，并且把现在和将来联系起来）却很容易测知自己生命的全过程，并为营生做必要的准备。"② 人不能像石头那样仅能自然地坠落，也不像狗那样仅凭对特定的物体的感觉本能地支配行为，人能够选择、决策各种目标以及实现目标的方式，人具有理智和自由，因而是自己行为的真正裁判者和主人。

自由意志问题在伦理学史上常常被人作出唯心主义的解释。自由意志论者认为，自由是不依赖于某种外部原因的东西，他们把自由与客观现实脱离，往往把自由的表现仅仅局限于精神世界，也就是说，这种脱离使人确信在物质世界中实现意志自由在原则上是不可能的，而在精神世界中，这种自由却是没有任何限制的。早在古代，爱比克泰德就曾持有这样一种思想：善和恶只存在于人的理性中，因此"那种能够使我们失去选择自由的暴力"是不存在的。近代伦理学家康德对意志自由作了类似理解，他把现实分为两种世界：一种是自然的必然性的世界，在这个世界上，人作为自然的和不自由的生物按照因果性规律行动；而在另一种超越空间和时间的理性可以了解的世界中，人才拥有意志自由。按照康德的理解，只有"善良的意志"才是自由的，而这种意志实质上不可能在实践中即在必然性的世界里表现自己。对自由的强调是存在主义伦理学的突出特色，其主要代表人对自

---

① ［德］弗里德里希·包尔生：《伦理学体系》，何怀宏、廖申白译，中国社会科学出版社1988年版，第398页。

② ［古罗马］西塞罗：《西塞罗三论》，徐奕春译，商务印书馆1998年版，第94页。

由有着本体论意义上的理解。自由的本体论理解是指人的绝对主体自由的哲学证明，这种自由不是认识论上的概念，而是一种人学存在意义上的概念。萨特的这种自由规定包含着哲学本体论和本体化伦理学的双重意味。他认为，人的存在本身即是自由；我即自由，自由是判决给我的，它超乎任何本质原因或动机之外，除了自由我别无限制。他认为："我是被判定在我的本质之外、永远在我行为的原因和动机之外的存在。我被判定为自由，这意味着，我不能自由地终止自由的存在。"① 因此，正如人的存在只能在他的创造和行动中理解一样，人的自由也只能从他的存在和行动本身中去理解，这就是自由之本体论理解的基本含义，它具体表现在八个方面：（1）人的存在是一种自由的行动；（2）存在即行动；（3）自由的存在意味着人的行动自律；（4）自由的行动具有意向性和目的性；（5）因此它是对一切既定的虚无；（6）是无条件的选择；（7）是荒谬的事实性；（8）是一种不断朝向未来的总体谋划。

　　既然人是自由的主体，自由的选择是他实现主体价值的唯一方式，那么就不能把自由与其选择区别开来，这就是说，不能把自由与个人自身区别开来。个人存在、自由和选择三者归宗如一，因而使人的选择与其存在和自由一样也是绝对主体性的和无条件的：一方面，作为自由存在的每一个人都孤立无援，面对无限可能性，他必须选择，自由是选择的自由，而不是不选择的自由。事实上，不选择是选择了不选择；另一方面，人的选择又是无条件的。它是一种未来可能性的选择，是无法预测、无限可能的。选择也是一种自我主体意识的表现，主体意识是主体自由选择的自觉和基础。选择同自由一样也是具体的。自由选择也是人孤独存在的证明。由此，萨特的结论是：自由是价值的基础，选择是价值的唯一来源。人的行为的道德价值不在于履行了某种既定的价值标准和道德规范，而在于人的自我创造——

------

① 万俊人：《萨特伦理思想研究》，北京大学出版社 1988 年版，第 60 页。

即自由地选择和行动。存在主义更加强调的是绝对的、独立自主的自由，是不受任何限制的任性的观念，人的积极性和人选择行为的能力，被认为是这样一种意志的结果。这种意志似乎同任何必然性都是对立的。

另一种对自由的理解侧重于现实的道德选择或心理学意义上的行动自由。包尔生就持这样的观点："道德责任和法律责任仅仅以心理学意义的自由为前提。当一个人的意志在他的行为中表现时，那行为就是他的行为，他就要对此负责。……然而，当一个行为并不表现行为者的真正意志时，也就没有责任可言。"① 伦理学辞典对自由的解释也突出了这一点：意志自由"是一种哲学范畴；它最一般的含义是指人独立的确定自己的行为，按照自己的意向和根据自己的决定去行动的一种能力。作为伦理学范畴，意志自由表示人做出行为时在善恶之间、道德和非道德之间实行的道德选择。因为这种选择取决于人本身，人就有道德责任，他的行为可能算作他的功劳，也可能认为是罪过"② 。而所谓道德自由（Freedom of Morality）是意志自由在伦理学领域的具体化，是"一种伦理学范畴。人们独立自主地进行道德选择和决定的能力。亦指道德修养所达到的一种高度完满的境界。道德选择和决定的自由，是道德责任的前提"③ 。作为"一种伦理学范畴。它包括人成为一个独立自主的和有创造精神的人，在道德活动中表现自己本身的真正人道的本质的可能性和能力等问题"④ 。如此，道德自由就必然包括两种理解：一是"意志自由"；二是"行动自由"。后者才是伦理学的兴趣所在。一般说来，这种自由为人类所独有，所以自

---

① ［德］弗里德里希·包尔生：《伦理学体系》，何怀宏、廖申白译，中国社会科学出版社 1988 年版，第 396 页。

② ［苏联］伊·谢·康：《伦理学辞典》，王荫庭、周纪兰、赵可、邱灏译，甘肃人民出版社 1983 年版，第 348 页。

③ 冯契主编：《哲学大辞典》，上海辞书出版社 1992 年版，第 1606 页。

④ ［苏联］伊·谢·康：《伦理学辞典》，王荫庭、周纪兰、赵可、邱灏译，甘肃人民出版社 1983 年版，第 350 页。

由就意味着与强制相对立。如果一个人不是被迫行为，他就是自由的。如果他按照自己的天然意愿所做的行为受到外在手段的阻止，他就是被迫的或不自由的。德国逻辑实证主义维也纳学派的创始人石里克指出，"责任问题就是：在给定的情况下，到底谁该受惩罚？谁该被视为行为的真正的肇事者？……就是动机所要恰当地影响它的那个啮合点（Angriffspunkt）的问题。"① 它的着眼点是切近的、决定性的原因、行为动机，肇事者并非是发起行为的人，而是"要确保阻止（以及引起）行为发生的动机必须加诸他的那种人"。与宣布一个人什么时候该承担责任的问题相比，他自己觉得什么时候该承担责任的问题要重要得多。真正的肇事者或行为的真正发动者意识到他"有理由"受到追究。这种对责任的意识，"不只是在于这个人自己采取了完成行为的必要步骤，而且，他必定意识到他这样做是'独立的'，是'出于自己的欲望'；……这种意识不外乎就是自由的意识，而自由的意识无非是关于根据自己的意愿来采取行动的知识。而'自己的意愿'则是指在特定的境况中从自己的性格中合乎规律地产生意愿，而不是由像上面说的那种外部暴力所强加的。没有外部暴力的表现就是人也可以采取其他行动这样一个众所周知的感受（它通常被当作自由意识的性格特征）"② "这种感受不是关于没有原因的意识，它是完全不同的另一种意识，即关于自由的意识。自由则在于我可以按我的愿望行动。所以，责任感的前提是：以我自己的愿望作为内驱力所自由地采取的行动。……根本问题始终在于，责任意味着自己知道自己的心理过程是必须把各种动机把握住，以便控制躯体的行为的中心点"③。

二 道德自由是道德责任的前提和最高境界

西方伦理学把责任和自由牢固地联系在一起，强调责任产生于自

① ［德］莫里茨·石里克：《伦理学问题》，孙美堂译，华夏出版社2001年版，第119页。
② ［德］莫里茨·石里克：《伦理学问题》，孙美堂译，华夏出版社2001年版，第120页。
③ ［德］莫里茨·石里克：《伦理学问题》，孙美堂译，华夏出版社2001年版，第121页。

由。在自由与责任二者之间，强调自由作为一种权利在逻辑上优先于责任。既然自由意志使每个人不得不承认自己是行动的唯一原因，那么每个人就必须在自己的存在中接受和承担起自己行动的后果，这是责任的基本缘由。萨特说："人，由于命定是自由的，把整个世界的重量担在肩上：他对作为存在方式的世界和他本身是有责任的。……责任不是从别处接受的：它仅仅是我们的自由的结果的逻辑要求。"①因此，责任是自由权利的函数。极端的自由要求极端的责任，责任因为自由而可能。自由是责任的哲学根据和基础。肩负责任，这不是天意，也不是觉悟，只是自由的必然要求。自由既是一种权利，也是一种负担、压力和责任。人是有自由的，因而就是有责任的。一个还没有自主能力的自然人或生物人，是根本谈不上道德的责任的。一个行为如果是无法选择且不得不如此的行为，总之是一种非自由的行为，那么行为者本身是没有任何道德责任的。所以，可以说，取消了自己意志的一切自由，实际上也就取消了自己行为的一切道德责任。

的确，由于自由赋予的自我选择能力，使得我们为自己的行为负责成为可能。而且"一个人只有在他以完全自由的意志去行动时，他才能对他的这些行动负完全的责任。"②责任出于自由，自由是道德责任的前提和基础。对此，我们可以作宏观和微观两个层次的分析。从宏观的、历史的角度看，道德责任是人自我生存、自我发展、自我实现的需要的产物，是人在长期的社会生活中自由选择的结果，是人的自由的体现。如果这种分析稍显遥远，过于理论化，那么我们可以从对个体道德责任的逆推中，进行一种微观的分析。"我"的道德责任必须建立在两个前提之上：一方面，"我"必须是行为的所属者，即某一行为的主人；另一方面，该行为必须属于我的意志，它必须是我的自主行为。这两个方面相辅相成，前者是我与行为的同一关系，后

---

① 戴茂堂：《中西道德责任观比较研究》，《学习与实践》2007 年第 6 期。

② 《马克思恩格斯选集》（第四卷），人民出版社 2012 年版，第 91 页。

者是我的意志与行为的同一关系。换言之，具有道德责任属性的行为不仅是属于我的，而且是建立在我的意志自律基础上的。它的实质在于：行为必须出于我的意志自由。自由的行动，表现为道德认知上的自觉，道德情感上的自愿，道德行为上的自控。

首先，自由规定了道德行为选择在认知层面上是自觉的，是在理智指导下，对体现道德必然的道德规范和道德原则以及现实条件明察深知的基础上，作出的契合理性目的的选择。"认识必然性可以使人摆脱许多限制，如果这种认识已经经过自觉的消化和解释的话。从这一点上看来，如果一个人要能够在他自己特殊的、最小限度的行动范围内，解决他自己的问题，做出他自己的决定，并承担他自己的责任，那么，认识必然性就是必不可少的了。"① 它表明人的自由意志发展到什么程度，人对自己的自由意志又听从到什么程度。道德行为的自觉的第一个含义指道德选择是有目的的，这个目的就是善；第二个含义指行为者明了自己的选择的道德性质和结果。

其次，自由规定了道德行为选择在情感层面上是自愿的。基于自觉理性做出的行为之所以具有道德价值，不仅因为它遵循了一定的道德规范，而且因为它表达了行为者的某种道德情感和道德信念，这是理性自觉转化为现实行为的动力。道德行为的自愿表明：我做这件事，不仅是我认识到"应该这样做"，而且我是主动地"愿意这样做"的。

最后，自由规定了道德行为选择在行为层面上是自控的。"一个人能为他的行为负起道德上的责任。道德责任，无论人们对它怎样理解，似乎都要求要有某种控制。"② 行为的自控意味着人根据自己认定的价值目标，主动控制自己的行为，以免为内外干扰所转移。"某种

---

① 联合国教科文组织国际教育发展委员会：《学会生存——教育世界的今天和明天》，教育科学出版社 1996 年版，第 7 页。
② [美]约翰·马丁·费舍、马克·拉维扎：《责任与控制》，杨韶刚译，华夏出版社 2002 年版，第 18 页。

形式的自由或控制是道德责任的一个必要特征（因此也是人的本质的特征）。"① 行为选择的实施从始至终都要依靠自控来保证其顺利进行。自控是一个艰难的过程，是理智与意志的综合。有所不为才能有所为。在一定意义上，"全部道德文化的主要目的是塑造和培养理性意志使之成为全部行动的调节原则。我们把这样一种德性或美德称为自我控制。……离开了自我控制，就没有自由和个性"②。

道德自由是道德责任的基础，这种作用是通过道德选择来实现的。道德选择"是道德行为的重要特点之一，指人们对自己的道德行为做出决断，或在有多种可能性决定存在的行为处境中选取某一行为"③。道德选择是真正的道德行为的前提。是"个人在采取决定之前（意图）预先决定未来实际行动的内容的一种精神活动的举动。道德选择的存在是道德行为的明显特点，这种行为必须以个人有做出决定自由和有能力在善恶之间进行选择为前提"④。詹姆士主张，选择是自由意志的本质。所谓选择，即是各种可能或假设之间的决定。人的选择本身具有多种形式，至少可以分为：（1）活的或死的；（2）强迫的或可避免的；（3）重大的或琐碎的。但是，只有当一种选择是"强迫的、活的或重大的"时，它才是一种"真正的选择"。所谓"活的选择"，是指某种具有现实可能性的选择，例如，某人选择去作一个虔诚的基督教徒；所谓"强迫性的选择"，是指必须如此和非此即彼式的抉择，它是"基于一种完全的逻辑选言判断"之上的两难选择，在这里，"不存在不选择的可能性"，其实是"一种强迫形式的选择"，比如某人出门是否带伞就不是一种强迫性的选择，但假如我

① ［美］约翰·马丁·费舍、马克·拉维扎：《责任与控制》，杨韶刚译，华夏出版社2002年版，第12页。
② ［德］弗里德里希·包尔生：《伦理学体系》，何怀宏、廖申白译，中国社会科学出版社1988年版，第412页。
③ 罗国杰主编：《伦理学名词解释》，人民出版社1984年版，第132页。
④ ［苏联］伊·谢·康：《伦理学辞典》，王荫庭、周纪兰、赵可、邱濂译，甘肃人民出版社1983年版，第55页。

说"你或者真的接受我的理论，或者没有它而自行其是"，这就是一种强迫性选择了，因为你非此即彼，无法回避；最后，所谓"重大的选择"，即是指对人生具有重大意义的选择，它不是可有可无的。总之，选择形式多样，亦真亦假，假选择可以回避，真选择则不能。自由既不是形而上学的理论沉思，也不只是限于行动主体自身的责任承诺来规定其自由特性，它指向的不是过去，而是现在和未来；不是既定事实，而是未定可能。选择是通向未来的唯一途径。马克思主义伦理学认为，道德自由是客观存在、现实具体的，而不是绝对的。道德自由是指人们依据对一定的道德标准的体认，从意愿出发，独立自主地在多种道德可能性中作出抉择并采取的相应的行动。从实质上说，道德自由就是自由的道德选择。道德选择和道德决定的自由，是道德责任的前提。

就现实中的道德选择而言，较常见的一个矛盾在于：人是否应该为所有可能的选择负责？或者说道德责任是以所有可能的选择还是现实的可能选择为必要条件？对此，美国道德哲学家约翰·马丁·费舍从人对自己行为的"控制"入手进行了研究。他把人对自我的行动的控制区分为两种："指导控制"和"管理控制"。指导控制是指个体对自己现实选择并正在执行的行动实行的控制，管理控制指对实际的结果和可以选择的结果都实施指导控制（或者作为一种选择，采取自由行动）。这两种控制至少在原则上是可以分开的：一个人可能具有指导控制却没有管理控制；也就是说，一个人可能具有某种控制，但却没有那种包含可以选择的可能性的控制。指导控制是一种"理性反应机制"，是"行为者自己的机制"，或者说在存在的理由和行为者具有的理由、行为者的理由和他的选择之间以及他的选择和行动之间有一种相对松散的配合。但即使如此，我们有充足的理由认为：这种行为是行为者自己的。以指导控制为基础的道德责任的道德责任观是一种"实际结果"的道德责任观，指一种不需要可以选择的可能性的道德责任观。与传统的观点相反，道德责任的实际结果模型认为，责任的归因不依赖于人是否能自由地继续从事可以选择的行动过程（并且因而具有真正容易做到的可以选择的方案）；相反，重要的是（策略地说）人们实际上做了什么以及他们的行动到底是怎样进行操纵的。指导控制，而不是管理控制，是和道德责任相联系的控制；也就是说，指导控制本身（除了管理控制之外）满足的是道德责任的与自由有关的条件。"正是指导控制构成了行动的道德责任的基础。"① 因此，道德责任并不必然需要可以选择的可能性，关键在于行为者是否在已经自由选择的结果中进行了自由行动。责任伦理的一般要求是行为主体对自己的行为后果在下述情况中必须承担责任：（1）该后果是由自己的行为直接引起的；（2）该后果与自己的行为有着某种关联；（3）该后果是可以预见的；（4）该行为本来是可以避免的。这恰好契合了关于指导控制的理论。也就是说，人只需为自己别无选择的选择负责。

道德自由是道德责任的基础常遭到的诘难是：道德责任是对道德自由的限制。马克思主义坚持认为，道德自由首先表现为对道德必然的认识。在道德领域，为了协调个人与自己、他人、社会、人类及人类生存其中的生态环境的利益关系，产生了各种必然性的道德要求。正确地认识这些关系，深刻把握其中包含的客观必然性，是道德自由的应有之意。换言之，人对一定问题的判断越是自由，这个判断的内容所具有的必然性就越大。这同样适用于道德领域。根据必然性采取的行动才是自由的，无"知"而行仅仅是一种盲目行动，在这种情况下，所谓的自由意味着选择者为自己的情欲、"偶然的意志"、任性和冲动所驱使而成为奴隶，这实质上是一种不自由。"义务是一种一个人可以与之争辩的必要性，因而是伴随着理智和自由的。"② 所以自由

① ［美］约翰·马丁·费舍、马克·拉维扎：《责任与控制——一种道德责任理论》，杨韶刚译，华夏出版社 2002 年版，第 47 页。
② ［法］亨利·柏格森：《道德与宗教的两个来源》，王作虹、成穷译，贵州人民出版社 2000 年版，第 82 页。

本身便意味着人基于理性，依据道德必然而对自己进行的一种自觉限制和自我规约，是对道德责任的一种可负状态的选择，或者说"一个人自由选择了某种责任，就是自由地选择了不自由"①。黑格尔直言："具有拘束力的义务，只是对没有规定性的主观性或抽象的自由、和对自然意志的冲动或道德意志（它任意规定没有规定性的善）的冲动，才是一种限制。但是在义务中个人毋宁说是获得了解放。"② 所以，"义务所限制的并不是自由，而只是自由的抽象，即不自由。义务就是达到本质、获得肯定的自由"③。责任问题归根到底是一个人的实际道德自由的问题。

总而言之，责任是道德的必然要求，"道德的"也必然是"负责任"的。道德选择、道德行为都必须具有责任的要求方能达致德性完善与道德自由的目标。"逃避责任，把自己所作所为的一切都推给必然性，推给社会和他人，并不能给个人带来真正的自由。"④ 如果说道德是臻于自由的必要途径，那么，它本身就必须是自由的（压抑、专制、不会导致自由）；道德的自由是个体自主选择、决定、支配、控制道德活动的能力；自由地进行道德行为，也就是自由地选择了责任。有多大的自由，就有多大的责任；有多大的责任，就有多大的自由。诚如俄罗斯哲学家别尔嘉耶夫的观点："人的全部身价的基础就是自由的责任。"⑤ 无论是对他人、民族还是对人类的责任，最根本的是对自己的责任。人之所以是唯一的道德动物，就在于他能为自己的选择和行为负责，赋予自由以责任约束，在谋求个体、群体、人类自身与近期利益的时候，还要以自己的责任保障其长远利益与未来利益的幸福。这就是道德自由与道德责任之间合逻辑、合规定的关系。

---

① 赵汀阳：《论可能生活》，生活·读书·新知三联书店1994年版，第158页。
② ［德］黑格尔：《法哲学原理》，范扬、张企泰译，商务印书馆1961年版，第167页。
③ ［德］黑格尔：《法哲学原理》，范扬、张企泰译，商务印书馆1961年版，第168页。
④ 姚新中：《道德研究与伦理比较》，教育科学出版社2000年版，第21页。
⑤ ［俄］别尔嘉耶夫：《自由的哲学》，董友译，学林出版社1999年版，第191页。

三 自由意志的度与道德责任的量

自由意志使道德责任成为可能，但这种可能性是有限还是无限的呢？人们对这一问题的理解也存在不同观点。存在主义者将精神自由发挥到极致，其代表人物从"存在先于本质"的前提出发，认为人之初空无所有，这时人的存在只是一种"潜在"的存在或可能性，人必须不断地自由规划、自由选择，方能形成自己的本质，"自由，仅仅是由于这个选择永远是无条件的、无根据的"①。人的自由就是人在任何境遇下，不受任何社会环境和他人的影响，完全出于自己的主观意向的行为选择。人就是而且只能是人自己自由选择的结果，人生就是一系列自由选择的总和。不论绝对自由论者倡导绝对责任的主观动机何在，在客观上只能造成两种结果；一是因责任而取消自由。自由意味着无数的负累，成为"生命中不能承受之轻"，人们只会选择逃避自由；二是因责任而取消责任。每个人对任何事情都要负责，实则导致了责任的扩散。人人都有同样的责任等于人人都没有任何具体责任，最终承担责任只会成为一句空话。绝对自由论者间接否定了道德责任。因果决定论者特别是不兼容决定论者肯定了人的受动性和行为的客观约束性，却否认了人的主观能动性和自由选择的权利与能力，而决定论否定了人的自由这一本质特性。"皮之不存，毛将焉附"，人的一切行为都丧失了道德意义，道德责任也无挂搭之处。决定论者否认了人的自由，从而也直接否定了人的道德责任，其理论命运只能是与决定论者殊途同归。

人的自由意志不是绝对的，而是有一定限度的；因此，道德责任也是有限度的。自由的度与责任的量呈现一种密切的相关关系。自由的度越高，责任的量则越大，反之则越小。因为人的意志自由只能预付给人选择的权利，而在落实到现实中时，不免要受到种种主客观条

① ［法］萨特：《存在主义哲学》，徐崇温译，中国社会科学出版社1986年版，第24页。

件的限制。概括起来，道德责任主要受主观和客观两方面因素的限制。首先，道德选择的自由要受客观条件制约。客观环境所能提供的选择的客观可能性的范围是进行自由选择的首要前提。任何选择都是在客观环境所提供的可能性的范围内进行取舍，并将客观环境中存在的某种可能性转变为现实。如果现实并未提供某种道德可能性，那就无所谓选择与不选择或选择什么的问题。正如马克思所指出的："如果他要进行选择，他也总是必须在他的生活范围里面、在绝不由他的独自性所造成的一定的事物中间去进行选择的。"① 因而道德责任是对客观条件所许可的道德选择而言的。道德责任的确定还要受主观条件的制约。选择行为的主观能力是进行选择、并为选择负责的决定条件。主观能力包括认识能力和践行能力。健全的神经生理结构和正常的思维推理能力是承担责任的首要前提。一般情况下，我们不能追究精神病患者、无知幼童对自己的某些行为的道德责任。对道德必然的认知能力是行为者的认识能力的另一个重要组成部分。只有以一定的对道德原则、规范及利益关系的内在体认为基础作出的选择，才有道德意义，才有道德责任可言。"不知者不怪"反映了这种情况，由于行为者缺乏对自己行为的道德性质的必要认识，所以不能单纯以行为后果确定责任。"明知故犯"者才应承担相应责任，对这种情况也要具体分析，不能一概而论。"知而不行"有三种情况：有认知能力而不求知；知之不深以及深知而未按这种理性认识去选择；践履道德行为。在这三种情况中，个体承担的道德责任由轻到重，由知到行。践行能力也是一个不能忽略的主观条件，这种践行能力是指人是否占有转化道德选择为道德行为的手段。这种手段表现为人力的（体力与智力）与物力的。个人由于种种原因，不具备实现某种选择的特定践行能力，所谓心有余而力不足。如在抗洪中，身有残疾的人没有抗洪能力而不能选择抗洪行为；家境贫寒的人原本缺吃少穿，不能捐赠钱

---

① 《马克思恩格斯全集》（第三卷），人民出版社1956年版，第355页。

物，再追究其责任便有失公正。只有对那些"应为"且"能为"而"不为"的人才能追究其具体责任。总之，道德责任是有限度的、有条件的，"只有当一个人能够如他所期望的那样，从一开始就自由地行动时，我们才能对实际上发生的事情追究责任"①。这与亚里士多德的观点也是一致的，除非被迫而作恶或以无知而作恶，否则都要惩罚。因为由于被迫和无知而作恶没有责任。换言之："我们力所能及的恶，都要受到责备。"②

当然，肯定自由的主客观条件制约性和道德责任的限度并不意味着人的道德责任是固定不变的。人作为社会主体，是一种能动地创造存在的存在，道德责任也必将随着道德关系、人类选择范围及选择能力的发展变化而不断发展变化。一方面，现实生活中随着人的活动领域的拓展，利益关系也会不断拓展，这必然会催生更多的道德可能性；另一方面，随着社会生产力的不断发展，人类会拥有更多的手段，不断提高对道德必然的认识和践履能力。因而，道德责任是一个不断发展的范畴，当前提倡的人对科技的道德责任，对自然的道德责任等，无一不是道德责任发展的佐证。正是在这种发展中，人的主体性得到了充分的展现，记录着人迈向自由的每一步的真实印迹。

自由是责任的基础，自由本身就意味着责任。意志自由是人类道德成为可能的基本前提，也是伦理学的根基所在。因而，自由也是旨在教人负责的道德教育的基础，脱离了这个基础的任何道德教育，都不会培养出真正的责任主体；而缺乏责任主体或主体缺乏责任意识，任何道德教育都难以产生预期的结果。

---

① ［美］里奇拉克：《发现自由意志与个人责任》，许泽民译，贵州人民出版社 1991 年版，第 1 页。

② ［古希腊］亚里士多德：《尼各马科伦理学》，苗力田译，中国社会科学出版社 2003 年版，第 53 页。

第二节　心理学论证："协作"促进了道德责任的个体发生与发展

如果说，责任与自由的紧密关系是从哲学角度的宏观研究得出的结论的话，那么，一般心理学意义上对责任产生的研究，是在个体发展的微观领域进行的；如果说，道德哲学解决的是道德责任教育需要何种理想和目的的问题的话，那么，道德心理学则为道德责任教育提供了一种实践层面的方法和途径。道德心理学关于道德责任发生机制的研究，涉及道德责任教育关于道德责任发展的基本理论：个体道德责任发展的规律以及如何根据个体道德责任发展的规律进行教育等问题。在这里，我们主要以皮亚杰的道德责任研究为例。皮亚杰是公认的心理学研究领域的权威之一，他首次以实验为手段，从个体发展的角度，深刻地揭示了道德责任的发展过程及产生机制。继他之后的另一位道德认知心理学家柯尔伯格从道德责任在协作中如何从道德判断发展为稳定的负责行为进行了专门研究，我们一并将其纳入我们的研究视野。

一　道德责任是发生、发展的

皮亚杰认为，道德责任是儿童道德发展中的一个重要范畴，在一定意义上，通过对道德责任的研究，可以洞察儿童道德发展的规律，或者可以说道德责任的发展就是道德发展的缩影。作为一个发生认识论者，他的认知发展观也体现了在对道德的研究中。皮亚杰从发生认识论出发，认为儿童的认知与道德是在主客体的交互作用中发生发展起来的，"从道德的和理智的观点来看，儿童生下来既无所谓好，也无所谓坏，他是自己命运的主人"①。但是在道德和智力存在不可忽视的紧密联系。皮亚杰将其描述为："道德发展与智力发展之间存在着一种平行状态。……逻辑是思想的道德，正像道德是行动的逻辑。"② 离开了儿童智慧和认识的发展，就无法说明儿童道德的产生与发展，也就无法说明道德责任的产生与发展。作为认知道德发展理论代表人之一，皮亚杰在研究道德责任时，侧重于儿童的道德判断和道德评价的分析。他主张，道德责任是发生、发展的，经历了他律的客观责任和自律的主观责任两个连续的发展阶段，只有主观责任才是真正的道德责任，主观责任的发生标志着儿童真正的道德的出现。皮亚杰利用"对偶故事法"，通过分析儿童的道德判断的发展，详尽地梳理了道德责任的发生发展脉络。皮亚杰的具体做法是，以儿童日常生活中的普通事件为主题，设计了三组故事，每组故事都有两种类型：一类是儿童出于偶然或好意的行为，但却造成了很大的物质破坏；另一类是行为的动机不端正，造成的破坏性后果却微不足道。通过这两组事件，引导儿童对各种行为进行评价，并分析儿童的评价。

皮亚杰研究的对象是五到十三岁的儿童，他的研究结论是：六岁以下儿童的思维能力尚不足以对故事进行比较。十岁以下儿童的道德判断存在两种类型：一种是客观责任，即按照行为的物质后果而不考虑动机来进行评价；另一种是主观责任，即主要根据行为动机而不是行为的物质后果来进行评价。这两种责任之间不存在绝然的分界线，但根据其变化趋向仍可划分出两个阶段：平均七岁的儿童表现了客观责任，随着年龄逐渐增大，客观责任相应减少，主观责任逐渐占据主要地位，儿童的道德判断、责任意识与行为日趋成熟。

所谓客观责任，是指儿童评价道德行为时，主要依据行为的物质

---

① ［瑞士］让·皮亚杰：《儿童的道德判断》，傅统先、陆有铨译，山东教育出版社1984年版，第112页。

② ［瑞士］让·皮亚杰：《儿童的道德判断》，傅统先、陆有铨译，山东教育出版社1984年版，第481页。

后果或行为符合或违反规则的程度，而不考虑主观的行为动机。客观责任普遍存在于平均七岁左右的儿童中。客观责任在性质上是他律的，儿童的道德规则观念局限于"是什么"的理解水平，道德判断受自身以外的价值标准所支配。对成人命令和道德规则的绝对服从，是客观责任的典型表现，也是责任产生的最初标志。这一阶段，儿童只能理解成人施加的各种道德规范的字面意思，而不能领会其精神实质，并且坚信任何规则都是不可更改的。儿童也会按照规则行动，但由于儿童没有真正内化各种规则，所以他们的行为不过是一种"外表的顺从"或"社会性模仿"。严格来讲，他们在此时都不能称为一个有道德的人；咬文嚼字、循规蹈矩是对客观责任行为的最恰当的概括。

所谓主观责任，即指儿童在评价道德行为时，主要是依据行为者的行为动机，而把行为的物质后果放在次要地位。皮亚杰认为，主观责任出现的平均年龄是十岁。主观责任在性质上是自律的，儿童的规则观念已发展到"应该怎样"的理解水平，道德判断已经有了自己内在的价值标准。儿童领会到，规则之所以必须遵循，不是因为成人的权威，而是因为这些规则符合自己、他人与集体之间实现互惠的需求。规则不是既定的，是人们在互惠的实践中共同创造出来的，因此规则是可以更改的，是有"绝对真理和内在的价值"的。由于儿童已真正内化了道德规则，道德判断更加成熟，产生了服从规则的主观欲求。这时的道德行为已经不是单纯的服从，而是出于行为者良知和理性的自由行为。达到主观责任水平的儿童，能够更加自觉地遵守规则。

客观责任虽然是他律的，但它是儿童的责任发生发展的第一个阶段，"儿童责任感最早期的形式实质上是他律的形式"①。一方面，客

---

① ［瑞士］让·皮亚杰：《儿童的道德判断》，傅统先、陆有铨译，山东教育出版社1984年版，第124页。

观责任的特征是服从，服从是一切道德的开端，因为只有服从才会有克制和约束，才有可能发展为自律的主观责任。另一方面，由于道德认知能力的发展和日常生活经验的积累方面的不足，儿童虽然只会服从成人指令的词句，不能从成人的角度理解加于自身的那些道德概念和道德判断的精神实质，但这毕竟为儿童进一步内化道德规范奠定了基础。从客观责任向主观责任的发展是连续的，是从服从到自主、从他律到自律的发展过程。把两者割裂开来，忽视或否定其中之一，都不能正确理解道德责任的发生与发展。

二　"协作"是促进道德责任个体发生、发展的根本原因

既然道德责任是一个从无到有、由客观责任向主观责任发展的过程，主观责任才是真正的责任，那么，道德责任的产生机制问题，就是探讨客观责任如何向主观责任转化的问题。皮亚杰把这一过程概括为"去自我中心"的过程。那么到底是什么因素促进了这两个阶段的演变呢？皮亚杰的结论是：只有协作才能将儿童从其无意识的自我中心状态中解放出来，责任产生于协作是合乎逻辑的唯一结论。

儿童的自我中心状态是阻碍儿童一般认识能力和道德判断能力发展的一种认识态度。一开始，"儿童自我中心状态的特点不是在社会的或道德的领域内发现的，也不是在儿童对他自己的意识中发现的，而是在理智的领域内发现的"①。理智上的自我中心是"儿童心灵所具有的一切前批判性的，前客观性的认识态度的总和"②。儿童通常物我难分，他们不是使自己的想象服从于现实，而是把现实同化在自己的活动中，没有考虑其客观性。他们很自然地用主观认识来代替客观认识，用自己的欲望来歪曲客观现实，从中得到满足。道德上的自我

---

① ［瑞士］让·皮亚杰：《儿童的语言与思维》，傅统先译，文化教育出版社 1980 年版，第 300 页。

② ［瑞士］让·皮亚杰：《儿童的语言与思维》，傅统先译，文化教育出版社 1980 年版，第 300 页。

中心是理智上的自我中心的一种特殊形式，指仅仅按照自己的主观愿望来处理人际关系，而不能站在他人的角度替他人着想，领会别人的意图。儿童的自我中心的实质就是不能区别自我与社会环境。

六至十三岁是儿童发展中的一个重要阶段，"它的特征是经历着一个过渡时期，就是说，从各个领域中以儿童自我为中心向脱离自我中心过渡。这种脱离中心化同时表现在认识的、社会的和道德的各个方面"①。儿童是脱离自我中心的主体，"以这个主体而论，从他的自我中心状态中解放出来，……是不以自我为中心，能够区分主体与客体；开始意识到自己内心的主观东西并能在一切可能的条件之下找到自己真正的地位"②。也就是说，去自我中心很重要的一点是能够区别主体与客体、自己与他人，了解别人和外界。"要了解别人和外界，有两个条件是必要的：（1）意识到自己是一个主体并能使主体脱离客体，以致不会把主体的特征赋予客体；（2）不再把自己的观点当作是唯一可能的观点而和别人的观点互相调和了。用另一个方式来表达这一点……即去构成一个具有各种关系的集体，而且经过一番合作的努力（这里包括各种观点的相互适应和相互交换），使自己在这个集体中占有一个地位。"③"去自我中心"不仅依赖智慧的发展，而且要借助特定的社会环境，即某种人际互动关系才能实现。

皮亚杰还具体区分了两种社会关系："一个是约束的关系，它的特色是从外边给个人一个系统的规则和强制性的内容；另一个是协作的关系，它的特色是在人们心里创造在一切规则背后的理想模式的意识。"④

---

① ［瑞士］J. 皮亚杰、B. 英海尔德：《儿童心理学》，吴福元译，商务印书馆1980年版，第96页。
② ［瑞士］让·皮亚杰：《儿童的语言与思维》，傅统先译，文化教育出版社1980年版，第300页。
③ ［瑞士］让·皮亚杰：《儿童的语言与思维》，傅统先译，文化教育出版社1980年版，第309页。
④ ［瑞士］让·皮亚杰：《儿童的道德判断》，傅统先、陆有铨译，山东教育出版社1984年版，第478—479页。

约束主要存在于成人和儿童之间，是"一代人对另一代人所施加的压力"，是理智与道德上的控制，具有强制和儿童对成人的单方面尊重的特征。约束使儿童不可能与成人平等交往、交流思想，儿童继续封闭在自我中，"客观责任观念的形成是成人施加约束的结果"[①]。"只有协作这一个因素才能将儿童从其无意识的自我中心状态中解放出来；而在协作将儿童从自我中心状态以及这种约束所造成的后果中解放出来之前，约束则起了完全不同的作用，并加强了自我中心的特征（至少在某些方面是如此）。"[②]

　　什么是协作？协作是儿童智慧发展到一定程度才能进行的一种合作性质的活动，它具有平等和行为者之间相互尊重的特点。一般来说，"协作要以智慧为条件，但下列的循环关系也是极其自然的：智慧激活（animate）了协作，但智慧为了其自己的形成，它也需要这种社会的工具"[③]。皮亚杰所说的协作主要指儿童之间存在的一种关系。这种协作是参与者在彼此平等的基础上的对话，它产生了真正的思想交流。因此协作是一种更主要、更深刻的关系，它能发展理性的逻辑与道德模式，促进儿童理智上和道德上的去自我中心。"理性的模式，尤其是这个重要的互惠的模式（关系逻辑的根源），只能在协作中发展起来，也只有通过协作才能发展起来。不管协作是理性的原因，还是理性的结果，或既是原因，又是结果，只要理性的存在就是'把一个人的地位摆正'以使个体服从全体，那么理性就需要协作。"[④] 在逻辑领域，协作引进了互相控制，使儿童从自我中心的主观认识和成

---

① ［瑞士］让·皮亚杰：《儿童的道德判断》，傅统先、陆有铨译，山东教育出版社1984年版，第154页。

② ［瑞士］让·皮亚杰：《儿童的道德判断》，傅统先、陆有铨译，山东教育出版社1984年版，第222页。

③ ［瑞士］让·皮亚杰：《儿童的道德判断》，傅统先、陆有铨译，山东教育出版社1984年版，第203页。

④ ［瑞士］让·皮亚杰：《儿童的道德判断》，傅统先、陆有铨译，山东教育出版社1984年版，第122页。

人权威的盲目信念中解放出来，通过反省建设了自己的客观认识；在道德领域，如同在智力、逻辑领域一样，活动，特别是儿童的协作活动，同样也发挥着一种巨大的"解放的与建设的作用"，它是自主道德产生发展的根源和动力。"善乃是协作的产物"①"对于获得道德自律来说，必须要有协作"②。

协作实现了儿童对道德规则的真正理解与内化。协作有助于发展儿童相互了解、相互评价的能力，有助于培育儿童在互惠的基础上产生真正的道德需要，有助于儿童形成对他人的尊重和对道德的尊敬，也有助于培养儿童在共同的讨论、交流过程中形成一种"批判态度，客观性和推理思考的行为形式"，从而使其能够从封闭的自我和成人的外在强制中解放出来，真正执行通过协作而体认并内化的规则。一句话，协作有利于儿童形成自律的道德。而自律的道德是"随着社会性互相协作的进展以及相应的运算的发展，儿童达到了基于相互尊敬的新的道德关系"③后产生的。自律性质的道德责任也是在协作中产生的。主观责任的观念和判断要求儿童在道德评价中能够领会命令的精神实质，考虑行为者的主观意图。命令的精神实质的理解以思想交换为前提。"考虑意图要以协作和互相尊重为先决条件。"④"只有协作才能导致将意图置于首要的地位，因为协作可以迫使个人不断地考虑别人的观点，以便将别人的观点同自己的观点进行比较。"⑤协作产生了自律性质的主观责任。那么，协作究竟如何形成了儿童具有自律

---

① ［瑞士］让·皮亚杰：《儿童的道德判断》，傅统先、陆有铨译，山东教育出版社1984年版，第233页。

② ［瑞士］让·皮亚杰：《儿童的道德判断》，傅统先、陆有铨译，山东教育出版社1984年版，第124页。

③ ［瑞士］J. 皮亚杰、B. 英海尔德：《儿童心理学》，吴福元译，商务印书馆1980年版，第95页。

④ ［瑞士］让·皮亚杰：《儿童的道德判断》，傅统先、陆有铨译，山东教育出版社1984年版，第158页。

⑤ ［瑞士］让·皮亚杰：《儿童的道德判断》，傅统先、陆有铨译，山东教育出版社1984年版，第226页。

性质的主观责任呢？结合皮亚杰的理论，我们可以从如下三个方面进行具体分析。

首先，协作能深化儿童对道德规范和道德原则的理解，使儿童更好地内化道德规范，进而明确自己的道德责任的内容。皮亚杰认为道德体系是以规则形式存在的，"一切的道德都是一个包括有许多规则的系统，而一切道德的实质就在于个人学会去遵守这些规则"①。其至可以说，道德"就是从遵守规则开始的"。道德规则对于个体来说总是客观的、外在的。它蕴含了对人与人、人与社会之应有关系、人在社会中应有之地位的基本要求，而要真正认识和理解这些要求并在此基础上转化为个人的欲求，只有在体现这些要求的社会关系中，并通过实际处理这些关系才能实现。然而，这种社会关系绝不可能是一种单向的强制关系，相反的是，缺少互动的关系只能产生另一种责任——客观责任。以合作为基础的交往协作过程"既能消除自我中心的实践，又能消除对强制的神秘态度，而且导致对规则成功的应用和对规则含义比较广泛和比较内在的理解"②。强制造成了被动服从和外在规则，"与此相反，由互相同意与协作而产生的规则则是植根于儿童内心的，结果对规则就有一种有效的遵守，在这里面它们和自己的意志联合在一起了"③。由此，协作有助于儿童强化对道德规则的理解依据对道德责任内容的把握与体认。

其次，协作能发展儿童的道德判断和道德评价能力。道德评价是个体道德发展水平的一个重要标志，它是指个体依据一定的道德标准，对自我和他人的行为作出的道德判断。道德评价对自律的道德责任的形成发挥了一种监督与推动作用，因为道德责任就是对自己履行

---

① ［瑞士］让·皮亚杰：《儿童的道德判断》，傅统先、陆有铨译，山东教育出版社1984年版，第1页。

② ［瑞士］让·皮亚杰：《儿童的道德判断》，傅统先、陆有铨译，山东教育出版社1984年版，第193页。

③ ［瑞士］让·皮亚杰：《儿童的道德判断》，傅统先、陆有铨译，山东教育出版社1984年版，第441页。

应有之责的一种体察。成熟的道德评价涉及两个必要条件：其一，评价者能够区分自己与他人，具备良好的自我意识；其二，评价者能够自主建构、并自主运用自己的评价标准。自我意识和评价标准的形成，都要求儿童把自己的思想与他人的思想区别开，并从别人的思想和意志中解放出来，即消除自我中心。这只能通过协作来完成。因为"协作并没有强加什么东西，它只产生了理智上或道德上的交流"①。在协作活动中，儿童获得了更多的自由地对照彼此观点的机会，学会了理解别人，并为别人所理解，逐渐摆脱原来的思想孤立状态，发展成熟的自我意识。评价标准也是在协作中发展起来的。起初，成人对儿童的强制和约束，使儿童把成人的是非作为唯一的评价标准，这是一种外来的标准。儿童对道德行为的判断是客观责任的判断，仅仅是对成人评价的模仿，是一种低级形式的评价。随着儿童间协作活动的展开，相互评价和自我评价的机会增多了，了解、分析、比较各种不同的价值标准的机会也增多了，而且逻辑思维能力方面分类的能力的发展，使他们能在价值领域内，自己逐渐建设一个价值的等级结构。这时，儿童的评价已不再为成人的评价所左右，有了自己的评价标准，自律性的、主观责任的判断产生了。由服从成人和服从成人规定的行为规则过渡到儿童自己构造价值标准，这无疑与康德所谓的"人为自己立法"的思想相一致。

最后，协作可以培养和发展儿童相互尊重的情感和移情式理解能力，促进其产生真正的道德意识和责任感。皮亚杰认为，道德的发展、认知的发展和情感的发展是互为条件、有机联系的整体。情感的发展是道德发展的动力机制。协作使儿童在互惠的实践中学会了相互尊重和换位思考，萌生了道德责任的需要。儿童在协作中体会到个人的任何不适当行为都会危害共同的利益，最终也会危害自身的利益，

---

① ［瑞士］让·皮亚杰：《儿童的道德判断》，傅统先、陆有铨译，山东教育出版社1984年版，第79页。

自己的利益、他人的利益和集体的利益是密不可分的。儿童在协作中都产生了避免有损双方利益，趋向有利双方利益的心理要求。只有在这种情况下，儿童才能学会相互尊重，"相互尊重乃是理智方面和道德方面的自主性的必要条件"①。就道德而言，"任何对于别人单方面尊重的关系都导致他律。因此，自律只与互惠有关，当互相尊重的情感强到足以使个人从内部感到要像自己希望受到别人对待的那样去对待别人时，才出现自律"②。只有通过协作活动，才能使儿童在现实的利益制约中，学会推己及人、相互尊重和移情式换位思考，从而真正内化道德规则，产生自主的道德要求，自觉履行责任。因而，协作意识和协作活动，是使儿童形成良好的道德情感和移情式理解能力的媒介，是培育儿童道德责任感的有益途径。

强调道德理性，是以皮亚杰为代表的认知主义心理学的突出特点。按照皮亚杰的观点，协作能深化儿童对道德规则的理解，发展成熟的道德判断，提高道德评价能力，培养移情式理解能力，这些都是道德发展的认知方面的内容。然而，协作又是如何具体影响儿童道德判断的发展、而道德判断又是如何转化为儿童的道德行为的呢？皮亚杰没有对此做出进一步的研究。这一任务通过柯尔伯格的努力而得到了较为令人满意的回答。柯尔伯格关于责任判断的后续研究，充实了皮亚杰关于道德责任的研究成果。

三 道德责任判断是责任意识转化为负责行为的重要环节

柯尔伯格是继皮亚杰之后的认知道德发展论的又一杰出代表。他主张，无论道德行动在表现上如何不同，就其实质而言，都是儿童外部动作与内部道德判断的内容相贯通一致的行动。道德行动的一致性

---

① ［瑞士］让·皮亚杰：《儿童的道德判断》，傅统先、陆有铨译，山东教育出版社1984年版，第122页。

② ［瑞士］让·皮亚杰：《儿童的道德判断》，傅统先、陆有铨译，山东教育出版社1984年版，第234页。

观念与"道德责任"的意识、观念密切相关。由此，道德责任成为柯尔伯格研究的重要内容之一。作为儿童品格的重要成分，"责任首先包含着接受主体行为的后果；其次它包括主体所说的应做或将做与主体现实所做之间的一致性"①。这里的责任，意指主体不但在口头上承认承担的道德责任、做出自己的道德判断，而且还能将其可靠地付诸实践、行动中或善始善终地实行到底。道德责任是个体道德成熟的一个重要标志。柯尔伯格宣称：儿童对真实生活情景的道德判断经历了两个阶段。第一个阶段是对正确性的判断或曰道义判断；第二阶段是对责任的判断，即对自我有责任执行正确的行动的判断和对"善始善终完成行动"的判断。主体所处的道德推理的阶段越高，便越能负责任地行动，换言之，即使当主体面临略微不同于原来情景的新情境时，仍能一如既往地依照被判断为正确的选择而行动。

关于道德责任，柯尔伯格假定存在着构成道德行动的核心的既可区别又相联系的两种范式或类型的道德判断：道义选择的判断和责任判断。道德阶段就是以这两种方式影响道德行动的。道义判断意指对道德上正确的事物的判断，它典型地取自于道德规则或原则，其范例是运用康德的公正的原则亦即绝对命令的原则，或密尔的最大善行的功利主义原则。而责任判断则是对人们依据一定的道义判断而行动的"义务"所作的判断，它包含着弗兰克纳所谓的"品德的"要素或"对道德上善的、恶的、应负责任的或应受责备的等的判断"的要素。盖洛因认为，一个道义判断可视为第一序列的正确性的判断，而责任判断可视为对依据道义判断而行动的主体性意愿的第二序列的确证。道义判断是依据道德阶段或原则对道德主张的抽绎推论，而责任判断是对盖洛因式的选择性意志的确证。责任判断又可以根据道德事件之逻辑上的优先性而非仅仅是事件的重要性，做出某种顺序上的排列，

---

① ［美］柯尔伯格：《道德教育的哲学》，魏贤超等译，浙江教育出版社 2000 年版，第 142 页。

如首要责任、次要责任、三级责任，等等。由此，责任判断就具有多种可能性。责任判断不仅回答"为什么正确？"而且回答"为什么我是我？为什么我必须做？"布莱西认为："道德判断在引导生成行动之前，不时地通过一套第二序列的规则或标准即责任的标准来操作运演自身。责任判断的功能乃是决定，在何种程度上道德上的善或真同样严格地为自我的发展完善所必需。"继而认为："用来获取责任判断的标准与主体的自我概念或自我的组织结构相联系。从责任判断到外部行动的演进变迁为自我的和谐一致性的发展趋势所支持强化。……在完成了一个与主体的责任判断不相一致矛盾冲突的行动之后，主体经历了一种内疚羞愧的感受作为对自我的内在不和谐一致的一种情感反应。"① 不管责任判断具有何种复杂性，它都不能脱离道德行为而独立存在。祛除了道德行为的道德责任没有任何实质意义。

责任判断可以超越道义判断从而与儿童的道德行为发生更直接而密切的关联。柯尔伯格对此曾做过专门的研究与思考。他认为，责任判断在下述四方面超越道义判断②：（1）道义判断是指充分考虑他人的个人需要和幸福的判断。这种判断认为，关心他人幸福似乎就是关心他人的权利和要求，或者说，这种判断只关心不破坏他人的幸福。责任判断指充分考虑满足他人需要的判断。这种判断并不以他人的权利和要求为基础，或者说，这种判断关心增加他或她的幸福，而不仅仅是防止破坏他人的幸福。（2）责任判断自觉考虑涉及行动或他人幸福的自我。（3）责任判断在明确作为行动而非权利或义务的基础时，是行动者力图（完成特征）或在未完成行为时希望（自责、内疚和缺乏正直的判断）实现自我的人格道德价值的判断。（4）责任判断是利用一种内在而有价值的社会关系（如朋友或团体关系），为实现

---

① ［美］柯尔伯格：《道德教育的哲学》，魏贤超等译，浙江教育出版社 2000 年版，第 143 页。

② ［美］柯尔伯格：《道德教育的哲学》，魏贤超等译，浙江教育出版社 2000 年版，第 173 页。

道德行为作辩护的判断。

然而，责任判断并非总是落在对正确性的道义判断的后面，这一点，吉利根的研究提供了有益的结论。吉利根对照比较了两种道德判断的取向，一种因循"关怀体贴和责任的伦理观"，另一种因循"公正的伦理观"。虽然柯尔伯格不同意吉利根的主张，即存在着两种独立自主的道德，一种是责任和关怀体贴的道德，另一种是规则和公正的道德。但主体可以作道德责任的判断而无须同时做出原则的判断或公正的判断，在这一点上，柯尔伯格与吉利根达成了一致。如当主体为儿童的、家庭的和朋友做出富有道德牺牲精神的行动时，换言之，主体做出了"肩负特殊义务的判断"时，该情形就可能是真实的。此外，就下述现象而论，主体超越权利和公正的需要而对陌生人做出的利他主义的言行，主体有益于群体、团体或机构的道德行动，主体越出权利或原则的需要而做出的相关社会责任的行动，都是主体不需要做出原则判断而直接做出道德责任判断的常见事例。

柯尔伯格还详细研究了责任判断发展的阶段，这一理论成果为我们认识儿童责任意识的形成、发展并对此进行相应的教育具有重要的思想价值。因而，有必要对这一理论作陈述和分析。借助于大量的实验研究，柯尔伯格将儿童的责任判断划分为五个阶段：

阶段1：责任就是义务。人们感到必须满足上级或权威人物的要求，或遵从由他们制定的规则。

阶段2：从这一阶段起，责任开始从义务中分化出来。人们仅仅对他（她）自己和他（她）的幸福或财富和目标负责。

阶段2—3：即阶段2和阶段3之间的过渡阶段。在这一阶段，个体认识到每个人都对他们自己、他们的幸福、财富和目标负责。不负责任或凡事漠不关心的人会失去某些使他们自己、他们的财富等得到尊重的权利。比如，凡事漠不关心会缩小使个人财富得到尊重的权利，也会降低对个人幸福关心的程度。

阶段3：自我的责任是做"好"事，并实践人们所公认的和普遍接受的一个"好人"的标准。对他人的责任仅限于与自己有个人关系的人。这种责任被认为是满足他们的需要或增长他们的幸福。

阶段 4：责任更多的是一种维持和增强人际关系密切程度和情感的过程，认为凡事漠不关心在人际关系中就是"伤害他人情感"，是不太关心他人幸福的主要原因。

阶段 5：认为责任是人们在人际关系、团体或社会中相互之间具有约束力的情感和舆论，对自己负责意味着个人的行动必须独立、值得信赖和忠诚，而不在乎他人的情感波动，部分团体成员对同一团体的其他成员不负责任并不会减弱他们对后者的幸福和财富的关心。

不难发现，这个阶段模型理论与皮亚杰从客观责任到主观责任、从他律到自律的发展过程是一致的，或者说就是对后者的具体说明与完善。柯尔伯格研究的主要是诉诸并运用正确性或公正性的道义判断的行动。其基本的理论假说是：随着主体从一个阶段向另一个更高阶段迈进，做出正确性的道义判断与做出责任判断的一致性，存在着"同步共向的线性增长关系"[1]。这反过来又意味着，有道德的行动或与他们在道德情境外做出的道义判断相一致的行动的主体的比例，呈单向线性的增长。责任判断实质就是个体把自身真正嵌入某种道德情境中，强调"我"在其中的"份"，而不仅仅作为一名看客等闲视之，这样，"我"才能真正看到自己的责任并履行之。"当一件事情牵涉自己的利害时，我们就会更充分地了解它，更深切地感受它，但是同样的事情如果发生在别人身上，可以说，我们往往只是隔岸观火而已，而且由于这个原因，我们对此所做的判断也不一样。因此，有人提出一条非常精辟的戒律：是非有疑则莫为；因为'是'必将闪射出它自己的光芒，而'疑'则是我们认为可能是'非'的信号。"[2]综上所述，根据皮亚杰在认知道德发展的相关研究，道德责任在个体

① ［美］柯尔伯格：《道德教育的哲学》，魏贤超等译，浙江教育出版社 2000 年版，第 135 页。
② ［古罗马］西塞罗：《西塞罗三论》，徐奕春译，商务印书馆 1998 年版，第 102 页。

身上经历了一个发生、发展的过程，即由客观责任向主观责任的转化，主观责任标志着真正的自律的道德的出现，协作而且只有协作才能促进这一进程的实现。皮亚杰对于协作和自主道德的关系及其二者的转换机制，曾有过一个简练的概括。由于道德责任是个体道德发展的一个主要方面，因此，我们也可以借用这个概括来总结自律道德责任的发生机制。皮亚杰把协作和自主道德的关系归纳为："协作开始是批评和个人主义的根源。因为通过个人把他自己个人的动机和所有人所采纳的规则加以比较，他就被引导去客观地判断别人（包括成人）的行动与命令。从这个时候起，单方面的尊重便减弱了，个人的判断便开始了，在这样的后果中，协作既压制了自我中心状态，又压制了道德实在论，因此便达到了规则的内在性。一个新的道德就跟着纯义务的道德之后出现了。外在性让路于善的意识；由于接受了互惠的模式，便产生了善的意识的自主性。"① 儿童的自我中心与成人的强制产生了客观责任；协作却将儿童从自我中心状态以及成人的约束中解放出来，产生了一种"新型的道德"，一种互惠的而不是服从的道德，一种"真正是意图的和主观责任的道德"。这就明白地表明，协作是形成儿童道德责任的主要源泉、通道与催化剂。

那么协作与竞争的关系如何呢？人是社会的人，人类在生活实践中总是相互作用的。"不同主体（包括个体、群体）为实现自身利益而展开的竞争与为实现共同利益或各自利益而进行的合作，是相互作用的两种基本形式。"② 简言之，竞争与合作是人类在实践活动中相互作用的两种基本形式。就其作为一种客观存在的实践活动形式而言，从伦理学的角度进行审思，竞争与合作的行为都是具有"非道德性"的，因为每个个体都有以正当、合理、合法的手段，在不危害其他人的利益的前提下，实现自己的目的、追求自己的利益最大化的权利。

---

① ［瑞士］让·皮亚杰：《儿童的道德判断》，傅统先、陆有铨译，山东教育出版社1984年版，第487—488页。

② 谈曼延：《关于竞争与合作关系的哲学思考》，《广东社会科学》2000年第4期。

但一旦竞争行为超出一定的度，为达目的不择手段、损人利己那就可以对竞争行为进行道德评价了。以儒学为渊源的东方文化，强调"人之所以为人者，让也"，墨家的"兼相爱，交相利"，道家的"知足""无为"，无不传承着一种以和为贵、定分息争的教诲。这在一定意义上影响了我们的竞争观，一提及竞争，不由分说、想当然地就把它当作协作的绝对对立范畴来看待。这是一种有失客观的观点。我们肯定人的需要、人的权利、人的自由存在，自然就不能否定竞争之于人的发展的必然和价值。我们忽视了合理、合法、合乎人性的竞争，原本就是人的自觉的、独立的自我意识的觉醒和外化，是人的主观能动性的体现，竞争能使主体更加清晰地认识到自我与他人、群体之间的责任与权利的分界线。以皮亚杰的实验研究为例，他通过"打弹子游戏"来研究儿童对道德规则的认知、内化。起初游戏各方会为自己的利益而考虑改变规则，但规则的改变是要经过一致同意的，而且通过多轮竞争后，游戏各方会发现，只有通力协作、遵守规则才能最大限度地保证自己的利益。所以，协作与竞争是自由个体的两种不同选择。竞争是协作中的竞争，协作是通过竞争的协作。协作以达到个体利益和群体利益的最大化为目标，必然蕴含着竞争；反过来，竞争能充分调动人的积极性、主动性和创造性，在不断的追求新的目标、新的利益的过程中，打破静止的一团和气，使协作呈现出一种动态的发展态势。就协作对道德责任发展的作用而言，我们并不否定竞争，或者说，竞争就是我们所主张的以平等、理性、相互尊重为特征的协作应有之义。正是协作中的竞争，使个体更加清晰地认识到自己和别人的道德权利之间的界限或者说"度"，意识到自己的利益的实现有赖于别人的责任的支持，出于互利的考虑，会更加自觉地选择尽责。

需要补充说明的是，皮亚杰所说的协作有别于行为者相互之间的管理与被管理、压制与被压制，而是一种基于理性的、自主自愿的活动，就其本质而言，也是自由意志的表达方式之一。这就是说，责任产生于协作，实际上就是责任产生于自由。"因为很明显，在由友爱和自由所形成的社会环境中，存在着一种更新的可能性（就是说，不是顺从，而是自愿承担的责任）。"①

第三节　社会学论证：人的关系性存在使道德责任成为可能

　　在关于道德责任的研究中，另一不可忽略的领域是社会科学领域特别是社会学的研究领域。社会学探讨道德发展的方法被看作是解释道德社会化或者说道德价值观的社会化的一种有益的尝试。在这一点上，道德心理学与社会学有交叉之处。但二者在研究的侧重点上有所区别。道德心理学的研究主要关注道德在个体内部是如何发生、发展的，而社会学则主要是关注社会、人类文化价值的传递以及在这种传递过程中社会团体、机构等因素的作用对道德发展和道德教育的影响。因此，"社会科学有助于我们理解道德发展和道德教育，它的重要性就在于对社会环境的解释，正是在这种环境中人们被道德地教育着。社会科学理所当然地认为人们很大程度上是被社会环境塑造的"②。人作为一种道德责任存在，当然也无法脱离社会环境而兀自生存。基于本书的主题，我们将着重分析学校对个体道德责任培养的作用，或者说考察学校道德责任教育在影响个体道德责任养成的各种社会因素中的作用性质。因此，我们并不过多关注社会学的某些宏观的理论，也不逐一论述各种社会教育因素是如何具体影响道德责任的发生、发展的。

　　我们主要关注的是：较之其他影响个体道德责任养成的各种客观因素，学校道德责任教育的特殊性是什么，它在培养一个负责任的个

---

① ［瑞士］皮亚杰：《皮亚杰教育论著选》，卢濬译，人民出版社1990年版，第103页。

② 戚万学等：《道德学习与道德教育》，山东教育出版社2006年版，第47页。

体中到底发挥着什么样的作用。

一　人的社会关系性存在使道德责任成为可能

"人就其本质而言是一种关系性的存在……必定是与他人相互联系的。"① 人在关系中与自然共生、与社会共生、与文化共生。所以个体是关系中的我，他以自己的存在影响存在场，同时又不断受到场的作用。人在关系中生成责任、承担责任。个人是他人与社会的责任，同时他人和社会也是个人的责任。

从社会学视角首开研究道德教育理论之先河并形成完整理论体系者当推涂尔干。作为社会学中功能主义理论的奠基人，他在其经典著作《道德教育》中详细论述了作为道德教育之代理机构的学校的重要作用。他提出了制约道德教育的三种主要因素：纪律、对社会团体的依恋、自律或自决（self-determination）。个体所发展起来的道德义务感、道德良心、尊重和服从来自于社会生活并且与各种团体特别是学校的规则相联系。学校通过施加外部压力把社会规则传递给个体。学校有潜力实现纪律、好的秩序以及培养团体（在这种团体中，个人服从于团体）的目的。纪律，在涂尔干看来意味着抑制自己的自我中心的冲动并且履行道德义务的能力；通过有效的惩罚，学校可以促进个体对社会团体的依恋，这种依恋是温暖的、主动的和积极的，并不是出于义务而是出于心甘情愿的吸引；而自律则是认识并保持学校或更为广泛的社会的规则的自由。尽管涂尔干的许多理论具有无可质疑的学术地位，但他的理论也有严重的缺陷。主要的批评来自皮亚杰，他怀疑涂尔干似乎更多地强调道德中的限制，而这种限制是以失去自由和合作为代价的，没有充分注意到良心的自由或自律。美国社会学家帕森斯（Talcott Parsons）也是涂尔干的功能主义理论的强有力的对手。他认为学校的道德目的就是在学校共同体中培养负责任的公民。学校教育的一个主要成

---

① 鲁洁：《关系中人：当代道德教育的一种人学探索》，《教育研究》2002 年第 1 期。

绩就是独立性的培养，比如，承担责任的能力、在处理新的和不断变化的情境时作出决定的能力。学校应该这样管理：学生尊重老师，并在与同伴学生的关系中表现出关心与合作以及好的工作习惯。

美国基督教哲学家尼布尔在其专著《道德的人与不道德的社会》中，专门就"个人的社会道德行为与社会群体（包括国家的、种族的、经济的社会群体）的社会道德行为"的关系进行了研究。在尼布尔看来，人的本性中有自私与非自私两种冲动，前者主要表现为生存意志、权力意志和自我维护。但人性中并不缺少解决人类社会问题的能力，因为"人是一种唯一能够具有充分自我意识的存在物，他的理性赋予了他一种自我超越的能力。他在同环境和其他生命的关系中来了解自己，理性使他能够在某种限度内指导他的生命能量，使他的生命能量与其他人的生命能量一道和谐地流泻，而不是相互冲突"[1]。也就是说，理性使人超越了低等动物那样的群体生活的冲动，赋予了他一种超越自我、考虑他人需要、追求生命永恒性以及与其同伴和谐相处的能力。理性的发展程度越高，我们就越能正确地评价其他生命的需要，越能意识到我们自己的动机与冲动的真正性质，越能够协调产生于我们自己生命的冲动与产生于社会的冲动之间的相互冲突，由此越能增进我们的道德能力。但"没有一个人能如此理智地像认同自己的需要一样强烈的认同他人的需要，像迅速地帮助眼前的需要一样帮助远方的需要，想用一种明智的社会教学法来扩大人类同情的范围是不可能的"[2]。与此同时，社会群体的道德要低于个人，因为社会群体（包括国家、民族、阶级、团体等）之间的关系是群体利益和权力，个体身处群体之中，群体的利己主义和个体的利己主义纠缠在一起就只能表现为一种群体自私形式，个人的无私冲动因此在群体中受到压

---

① ［美］莱茵霍尔德·尼布尔：《道德的人与不道德的社会》，蒋庆、王守昌等译，贵州人民出版社1998年版，第21页。

② ［美］莱茵霍尔德·尼布尔：《道德的人与不道德的社会》，蒋庆、王守昌等译，贵州人民出版社1998年版，第23页。

制。其个人的利己冲动与社会的利己冲动混在一起，力量常常超过理性的控制能力，这时，理性反而会为利己冲动蒙上一层伪理性的面纱。所以个人道德和社会道德的改善，不能全部寄望于个体的理性和良知，"理性能够扩充一个人认可他人生活而不是自己生活的能力，并使这种能力永恒化，但理性不能创造这种能力"[1]。也就是说"尽管在理智上认识到扩大仁慈的本能冲动是可能的——这会促使人类去考虑其他人类的需要和权利，而不是去考虑只与自己的出生和生活紧密相连的人的需要和权利，但是，人类通常的道德能力则具有一个明确的局限，既要把自己所要求的东西给予他人是不可能的"[2]。理性主义伦理学家如斯多葛派思想家和以康德主义者，都纯粹从人的理性中推导出人的道德能力，其必然的逻辑结论就是心智与本能的冲突。所以康德力主为义务而义务，同情如果不是产生于纯粹的义务感，那就毫无道德价值，而斯多葛派思想家则厌恶仁慈。对理性寄予的过多的理想主义，反而使理性成为非议的对象。

　　道德责任的根源，归根结底还要到人的社会存在或人的社会属性中寻找。"人天生是一种社会的动物"[3]。所以，"理性不是人身上道德能力的唯一基础，人的社会冲动比人的理性生活具有更深厚的根源"[4]。个人的道德发展、社会公正的实现不能只靠个人的道德理性的提高来完成。虽然理性的发展程度越高，就越能平等地考虑他人的需要与自己的需要之间的关系，更容易对他人的痛苦产生同情、激发仁爱之心、更容易克制自己的自利性自然冲动，按社会整体的福利来衡

---

① ［美］莱茵霍尔德·尼布尔：《道德的人与不道德的社会》，蒋庆、王守昌等译，贵州人民出版社 1998 年版，第 21 页。

② ［美］莱茵霍尔德·尼布尔：《道德的人与不道德的社会》，蒋庆、王守昌等译，贵州人民出版社 1998 年版，第 2 页。

③ ［德］弗里德里希·包尔生：《伦理学体系》，何怀宏、廖申白译，中国社会科学出版社 1988 年版，第 296 页。

④ ［美］莱茵霍尔德·尼布尔：《道德的人与不道德的社会》，蒋庆、王守昌等译，贵州人民出版社 1998 年版，第 21 页。

量各种力量的结果，有助于建立社会公正。但在社会领域中，完全客观地运用理性是不可能的。人们可以运用理性去统合各种各样的个人冲动，实现个人的权力意志，但要达到超越他人的权力意志或与权力意志相冲突的社会目标，责任感就会表现得非常微弱。社会学中自然主义理论的代表如斯宾塞、斯特马克和其他许多人都认为，良知之所以呼吁支持更广泛的理性目标，其真正的原因是出于对群体的恐惧，并且认为道德责任感均产生于社会对个体的公开的或隐藏的压力。

人是一种有理性的和合群的动物，出于生存和发展的长远需要，借助理性和语言，相互联系在一起，并结合成一种"互助互爱的自然联合体"，正是在这一点上，我们已经远远脱离了兽性，构成那种同周围其他生物有别的人性。"如果力图想象出一个与全部社会生活绝缘的个人，那将是徒劳无益的。甚至荒岛上的鲁宾孙实际上也一直在与他人接触着，因为他从破船中抢救出的那些物件（没有这些物件他就不能生活），仍把他保持在文明的范围因而也是社会的范围之内。"① 用柏格森的话说，人的内在自我是无法脱离社会自我的，而且以社会自我为固着点。在一定意义上，"我们每个人属于社会的程度与属于自己的程度是一样的"②。责任在各个个体之间确立了相互依赖的稳定关系，使得人的社会本性得以现实的体现。负责就成为一种必要的选择。诚如柏格森概括地那样，"义务之于必然性，正像习惯之于自然"③。这种必然性在某种意义上是由人创立的，但却仍然是人必须服从的；这种充盈在人的社会生活、集体生活与个人生活之中的必然性，正是责任由以存在的最现实的根由。身处一个因相互依赖而结合在一起的社会群体中，只要无法逃避由冲动、任性构成的生活，无

---

① ［法］亨利·柏格森：《道德与宗教的两个来源》，王作虹、成穷译，贵州人民出版社 2000 年版，第 8 页。

② ［法］亨利·柏格森：《道德与宗教的两个来源》，王作虹、成穷译，贵州人民出版社 2000 年版，第 6 页。

③ ［法］亨利·柏格森：《道德与宗教的两个来源》，王作虹、成穷译，贵州人民出版社 2000 年版，第 6 页。

法忍受在人群中的被孤立、隔绝状态，就无法逃避责任的规约与牵制。这是人的社会本性赋予人之存在的基本要求，任何人都无一例外。因为"人的共同体是由自由个体的结合。共同体规定了义务，义务又使共同体得以维持，并为共同体引入了某种规律性，这种规律性仅仅类似于生命现象的稳固秩序"①。人无法摆脱社会关系性存在，而责任是体现人之社会性存在的基本判据之一。

二　客观评价学校对个体道德责任发展的作用

埃利亚斯（Elias，J. L.）认为："价值观是个人在各种社会环境下所做的选择或喜好。"② 道德责任也不例外。我们并不打算逐一分析各种先天或后天因素在影响个体道德责任的培养与发展中的作用性质和方式。基于本书的主题，我们只着重分析学校这一因素的作用，以期厘清其作用的独特性和有限性。

（一）学校在个体道德责任培养与发展中的独特作用

美国历史学家斯塔夫里·阿诺斯通过对当代发现的各种原始部落的生活状况的研究，得出了这样的结论：人类生来既不爱好和平，也不喜欢战争；既不倾向于合作，也不倾向侵略。决定人类行为的不是他们的基因，而是他们所处的社会教给他们的行事方法。他还引用心理学家班杜拉（Albert Bandura）的研究，认为人类的本性是"一种能被社会影响塑造成许多表现形式的潜在能力……侵略性不是人类与生俱来和不可变更的特性，而是一个鼓励侵略的社会环境的产物"③。据此，核战争并非不可避免，因为战争的发生不是因为人类的本性，而是因为人类社会。而人类社会又是由人类组成的，因而它也可以由人

①　[法] 亨利·柏格森：《道德与宗教的两个来源》，王作虹、成穷译，贵州人民出版社 2000 年版，第 3 页。
②　戚万学等：《道德学习与道德教育》，山东教育出版社 2006 年版，第 48 页。
③　[美] 斯塔夫里阿诺斯：《全球通史》，董书慧、王昶、徐正源译，北京大学出版社 2005 年版，第 44 页。

类重新构建。这就是人类学家阿什利·蒙塔古总结出的关于人类本性的深刻见解："毋庸置疑，我们生来就具有基因所赋予的做出各种行为的潜能，但这些潜能变成实际能力的方式则要取决于我们所受的训练，即取决于学习。……我们真正继承的是塑造和完善自身的能力，我们不是被动地接受塑造，而是自己命运的主宰。"① 学校是人进行学习、接受训练的一个专门场所，或者说它以此为自己的存在价值和使命。那么学校对人的道德责任的发展有什么独特作用呢？它的作用是无限的吗？

学校是有计划、有系统、有目的地向人们传授知识、技能、价值观念、社会规范的专门机构。即使在终身教育体系渐趋形成的今天，学校教育作为其中的一个必经阶段，仍然是对个体进行教育活动的最主要的领地。当个体从家庭进入学校后，学校的影响逐渐上升到首要地位，成为影响个体道德发展的最重要的因素。那么学校是如何实现这种重要作用的呢？

在学校中，教学是一项最经常、最主要的教育活动，也是培养学生道德责任意识和行为的主要通道。涂尔干认为，教学之所以有道德教育的价值就在于它是认识社会现实的重要工具，因为，一个人对社会有什么样的观念和认识，将在很大程度上决定他是否能依附社会。人们对社会的理解越深，就越是信仰社会的伟大与尊严，就越能尽自己的道德责任，也就越能负责地行动。专门组织的道德教学通过有目的、有计划、有系统地向学生传授道德知识，可以使学生了解和掌握最基本的是非、善恶观念和道德规范，从而为学生道德的发展提供理智的工具，并运用这些规范和标准正确评价、处理人与自我、与他人、与社会、与国家之间的道德关系，形成良好的思想品质和道德行为习惯。道德认知发展理论家认为，儿童的认知发展是道德发展的必

---

① ［美］斯塔夫里阿诺斯：《全球通史》，董书慧、王昶、徐正源译，北京大学出版社2005 年版，第 44 页。

要条件，一定的认知水平是道德发展到一定阶段所必备的理智工具。"道德发展是一种不断增长着的认识社会现实或组织和联合社会经验的那种能力的结果。有原则的道德的必要条件——但不是充分条件——是逻辑推理能力（它是由形式运算的各阶段表示的）的发展。"① 这就是说，没有行为主体的认识和认识能力的发展，就不可能有完善的道德品质的发展。

学校是道德责任教育的主渠道，对个体道德责任的发展发挥着重要作用。"学校的目的性、计划性、系统性及规范性是确保儿童道德学习有效性的基本保证。"② 与此同时，相对于其他社会单位如家庭、群团组织等，学校教育是一个比较特别的阶段，"要清楚地理解学校环境在道德教育中能够而且应该发挥的重要作用，就必须弄清在儿童进入学校时他面临什么样的情境"③。他指出，儿童入学之前，只结识两种团体，一为家庭，一为朋友或小伙伴团体。儿童在家庭中形成的有关团体的观念来自血亲关系，而且这种来自血亲关系的道德责任更因他们关系的密切和持续的接触以及生活的相互渗透而进一步加固。儿童接触的小团体，是在家庭之外通过儿童的自由选择形成的。然而，在儿童将要进入的社会中，诸种关系既不是血亲关系，也不是自由选择来的，这样"在儿童离开家庭时的道德状态和他将来必须努力形成的道德状态之间有很大距离"④。而且这一距离不可能直接缩短，必须有一中介物，"学校环境则是最理想的媒介物"⑤。较之家庭和小团体，学校有更为广泛的活动范围，有更广泛的相互联系，这种联系

---

① ［美］柯尔伯格：《道德教育的哲学》，魏贤超等译，浙江教育出版社 2000 年版，第 8 页。

② 戚万学等：《道德学习与道德教育》，山东教育出版社 2006 年版，第 31 页。

③ 戚万学：《冲突与整合——20 世纪道德教育理论》，山东教育出版社 1995 年版，第 123 页。

④ 戚万学：《冲突与整合——20 世纪道德教育理论》，山东教育出版社 1995 年版，第 124 页。

⑤ 戚万学：《冲突与整合——20 世纪道德教育理论》，山东教育出版社 1995 年版，第 124 页。

既非来自血亲关系，亦非是自由选择来的，而是一种相同年龄阶段、处于相同社会条件下的主体聚集在一起的、一种偶然的和不可避免的组合。从这一意义上讲，学校更像儿童将要进入的政治社会。学校兼具家庭社会和小伙伴团体的特征，所以，涂尔干认为，"班级共同生活的习惯和对班级甚至对学校生活的依附，乃是我们希望在儿童身上培养的更为高尚的情感的一种自然准备"①。对个人而言，"学校生活是每个人一生中极为丰富和微妙的时期。学校应该成为并且永远是一个适合学习、进行道德实验、思考和探讨真理以及自我培养的得天独厚的领地。……对儿童来说，学校生活应是他们一生中最振奋的时期，它不仅有益于未来也有益于当前"②。因为，在学校这一真实的团体中，儿童极其自然地参与其中的各种团体生活，通过这种生活可以训练儿童有利于家庭生活的集体生活方式，并且形成某些集体生活的习惯以及对集体生活的依附感，这些在学校中形成的习惯和倾向，当儿童走上社会，依然存在。所以，在此意义上，涂尔干指出学校时期乃是培养儿童道德的唯一不可替代的时期，"我们并不是生来就知道必须尽那些义务，而是教育使我们接受他们明白，从而'自觉'地尽这些义务的"③。因而，借口道德学习的复杂性及学校德育时间的有限性而把道德教育的职责简单地推向家庭、社区或社会，是放弃学校教育道德职责的轻率之举。问题不在于要不要学校道德教育，而是要什么样的学校道德教育。涂尔干认为，学校"不仅是，而且应该是国民教育起飞的飞轮"，他断定："学校在儿童道德发展中所负有的任务，能够而且应该成为最重要的工作。"④

---

① 戚万学：《冲突与整合——20世纪道德教育理论》，山东教育出版社1995年版，第124页。

② ［伊朗］S. 拉塞克、［罗马尼亚］G. 维迪奴：《从现在到2000年教育内容发展的全球展望》，马胜利等译，教育科学出版社1996年版，第180页。

③ ［法］迪尔凯姆：《社会学研究方法论》，胡伟译，华夏出版社1988年版，第4页。

④ ［法］爱弥尔·涂尔干：《道德教育》，陈光金、沈杰、朱谐汉译，上海人民出版社2001年版，第21页。

（二）学校对个体道德发展、道德责任的培养的影响是有限度的

值得注意的是，个体道德发展的影响因素是复杂多样的。"如果个体系统知识的获得、智能的开发主要是通过学校教育或学校的各科教学来实现的，那么，个体道德知识的获得、道德观念乃至道德情感、道德信念的形成的途径则要广泛得多。"① 道德责任的发展也不例外。甚至在某些时候，学校的道德教育和教学不是主要的、起决定作用的影响力量。所以，尽管学校道德责任教育在个体道德责任法中发挥着独特而不可替代的重要作用，但这并不意味着其作用是无限的或决定性的，要合理看待学校教育对于道德及道德责任发展的作用的局限性。

尼布尔肯定个体有天性向善和为善的潜能，对人类潜能所持有的乐观主义的估价可能创造了对这估价本身的证明，这就是"教育无疑能够解决许多社会问题，能够增进人正视其同类的需要并与其同类和睦平等相处的能力"。但他又提醒我们，由于群体和个体固有的利己冲动的力量之和足以挣断理性的缰绳，所以"道德良知和社会理性存在着不肯逾越的明确界限，超过这一界限，即使是最充满活力的宗教和最充满智慧的教育计划都无法解决社会群体的问题，尽管在私人社会中个人达到道德良知与社会理性是可能的"②。所以不能死死抱住这样一个希望，即认为充分发展的教育技术就能够最终造就出"社会化的人"，从而能够解决一切社会问题。涂尔干认为传统（民俗）社会的道德教育和现代（大众）社会的道德教育存在很大差异。在民俗社会中有一套界限分明的规范体系与相当数量的权威和限制并存。传统社会中的道德教育也因此相对容易一些。而在大众社会或多元社会里情况就有所不同了，学校道德教育成为一项更复杂的任务。在这些社会里道德规范是模糊定义的：不同的人类团体有不同的规范体系，他们有许多不同的角色去扮演。价值冲突不仅是个体需要面对的问题，

---

① 戚万学、杜时忠：《现代德育论》，山东教育出版社1997年版，第299页。
② ［美］莱茵霍尔德·尼布尔：《道德的人与不道德的社会》，蒋庆、王守昌等译，贵州人民出版社1998年版，第16页。

而且也成为学校道德责任教育不可回避的问题。或者说，从人类文明历史发展的全景考察，道德及道德教育虽然为人类社会发展所必需，但它们并不因此而越来越具有决定性的作用，道德责任教育作用的有限性也成为一个现实的问题。喻学林以此作为自己的博士论文选题，他在研究中指出①，随着现代社会开放而多元化的发展，道德教育活动的发生条件产生了很大的变化，从影响现代人道德发展的全部因素看，社会生活对人的德性的复杂影响使学校已不能在其中起主要或决定作用，而且反过来还可能使学校的努力显得势单力薄。从构成学校道德教育实践活动的各要素看，以人们计划好、规定好的道德内容、道德方法、道德目标来应对道德变化中的人，其影响过程和结果是不确定的。受教育者从学校的程式化、理想化、半自主化的生活中所获也难以达到适应自主道德生活的要求。其关键就在于道德教育实践活动是人对自己意识与灵魂的塑造，而人的意义世界的变化是难以准确把握的。这就决定了这一实践活动的实现机制的特殊性，即使是德育自身的各功能要素产生了作用，其最后功效的显现在教育的时空范围内还具有不确定性、有限性。

学生的道德发展不只依赖于有计划有目的的学校教育，也受到校外社会诸因素的影响，校外社会环境是学生道德学习的又一重要源泉。特别是随着社会发展由封闭到开放，学生的道德观念更是愈益受到来自社会各方面的影响。社会学中自然主义者的理论，如斯宾塞（Spencer）、威斯特马克（Westermarck）和其他许多人都认为社会对个体的公开的和隐藏的压力对其道德责任感形成的重要作用。从一定意义上讲，道德教育不独是或不再单单是学校教育的任务。忽视校外社会诸因素对学生品德产生影响的道德教育则是一种不完全的道德教育。校外影响道德学习的因素很多，主要包括社会文化、同伴群体、大众媒介等。社会文化是影响个体和青少年道德学习和道德发展的极

①　喻学林：《道德教育的有限性研究》，博士学位论文，华中师范大学，2007 年。

其重要的因素。每个社会都有不同的社会文化。而不同的社会文化直接影响不同社会的道德学习和道德教育。同辈团体如同家庭、学校一样，也是影响个体道德学习的一个极其重要的外部因素。同辈团体是由地位相近、年龄、兴趣、爱好、价值观念等基本相同的人组成的关系亲密的非正式群体。同辈团体是个体发展到一定阶段才出现的，是由个人自由选择结成的非正式群体，因而同辈团体的成员之间容易产生较高的心理认同感，具有较强的内聚力；成员之间基本上是平等关系，对个体形成相互尊重、平等、民主等品质以及形成自觉遵守规则具有十分重要的影响。广播、电影、电视、报刊、文学读物、戏剧等大众传播媒介也对个体品德发挥着长期的影响，尤其是随着科学技术的发展，各种传递手段得到了普及。许多传播工具已经成为家庭生活的一部分，对人们产生着越来越不可抗拒的影响。大众媒介使个体得以超越个人直接经验的限制，了解更广泛的现实生活状态，为个体的道德学习提供了丰富的内容。

人的道德观念是在人们的社会实践活动中产生的。而且，什么样的社会实践活动就会产生什么样的道德经验和道德观念。社会对人的道德品质的影响合力远远大于学校的影响力。学校道德教育只是起引导性、基础性作用。我们毫不否认学校的德育能力，但我们也必须看清学校德育的限度。学校道德教育因其特殊的使命、专门组织的教育环境和教育影响、相对专业的教师队伍等特殊规定性，因而要充分考虑并合理统合家庭和社会对于个体道德发展的各种影响，唯此，才能更好地促进个体的责任感的形成和道德品格的健全发展。

以上从三个学科领域论证了道德责任何以成为可能。但道德责任之可能并不必然导致道德责任之教就是可能的。换言之，人可以负责，并不必然意味着可以教人负责。所以，我们不能直接在道德责任的可能性的基础上想当然地推演出道德责任教育的基本理念和实践策略。道德责任是否可教、如何教，是一个需要作出专门而细致探讨的现实问题。

第五章　道德责任何以可教

　　任何一种道德教育理论必须回答的一个基本问题是：道德可教吗？对这一问题的不同认识，导致了道德教育理论研究和实践的不同取向。道德责任教育面临着同样的质疑：道德责任可教吗？不解决这个问题，任何道德责任教育的计划和企图都无异于空谈。因而，对学校道德责任教育可能性的探讨，不仅成为本书所建构的理论体系的组成部分，而且也是道德责任由理论转换为实践的一个关键的中间地带。

　　由于责任是道德范畴的核心内容，故而，要探讨责任是否可教的问题就必须首先解答道德是否可教这一棘手的难题。道德是否可教是道德责任是否可教的上位概念，它是一个古往今来纷争不断的话题；鉴于这一论题的复杂性，我们不可能在有限的篇幅内对此做出系统的推究。我们的思维路径是，结合本书的主题，择取其中有借鉴意义的研究成果，来正确认识道德责任的可教性和限度。我们认为，道德是可教的，问题的关键在于对道德之"教"作何种理解。一旦明确了道德的可教性，那么，我们就可以循此对道德责任的可教性进行合理推究与辩证把握了。

第一节　理解道德责任可教性的前提

　　道德责任是道德的核心范畴，所以，要解决道德责任是否可教的问题，需要先解决其上位概念即道德是否可教的问题。

一　道德是否可教的历史观

"道德是可以教的吗?"这是古希腊时期梅诺（Menon）向苏格拉底提出的疑问。梅诺曾经这样发问："告诉我，苏格拉底，人类道德是可教的，还是通过训练掌握的；或者也不是习得的，人之所以具备德性乃取决于与生俱来的素质；或者别的什么方式造就的呢?"① 梅诺的发问，历经几个世纪，依然是一个众说纷纭而至今尚未圆满解决的问题。

（一）对道德可教性问题的几种典型主张

"道德可教"是中国历代教育家的一个理论预设。而中国传统教育关于道德可教命题的论证是基于对人性论的独特把握基础之上的。中国传统思想特别是儒家传统思想认为，人性的核心是道德，人性与教育的关系在很大程度上就是道德与教育的关系。儒学先圣孔子首开从人性论说教育之可能与必要的先河。孔子认为，人天赋性善，而天赋德性的实现，却必须经由后天的教育。因此，他主张对学生进行以"仁"为核心的伦理纲常教育，通过关于道德规范知识的讲授，在学生思想深处形成明确的善恶是非观念，并自愿将其躬行实践，并最终培养学生相应的稳定的道德品质。他不但肯定教的可能和必要，而且精心修订"六经"，作为向学生进行道德教育的教科书。他说："温柔敦厚，诗教也；疏通知远，书教也；广博易良，乐教也；洁静精微，易教也；恭俭庄敬，礼教也；属辞比事，春秋教也。"（《礼记·经解》）他的这种主张得到了广泛的认同。《中庸》开宗明义地提出："天命之谓性，率性之谓道，修道之谓教。"② 《大学》确定的教育纲领是："大学之道，在明明德，在亲民，在止于至善。"③ 王夫之的论

---

① 苗力田主编:《古希腊哲学》，中国人民大学出版社1989年版，第239页。
② 樊东:《大学·中庸译注》，上海三联书店2013年版，第42页。
③ 樊东:《大学·中庸译注》，上海三联书店2013年版，第4页。

断更为中肯，他直言教者皆性，而性必有教，二者是体与用的关系，密不可分。道德教育作为发扬人性和德性的重要途径，在中国的教育传统中一直占有不可忽视的地位。在一定意义上可以说，中国自古以来的教育传统就是道德教育，而中国两千年的教育所教授的也只有一门学科——道德。

较之东方对人性的一贯关注，西方学者思考的角度更加多样。古希腊哲学家苏格拉底不是从内部而是从外部即道德是什么的问题，来解决对道德是否可教的困惑。他主张：美德即知识，知识可教，故美德可教。因为人只会做自己认为善的事情，不会喜欢或追求恶，作恶的主要原因是对善的无知。知善必会行善。苏格拉底的这一命题揭示了知识与道德的联系，肯定了道德教育对道德发展的作用，成为西方理性道德教育思想的源泉。但道德不仅仅是知识，它是一种人们践行道德的体验性认知，不可能仅通过说教与学习去获得，需要道德主体通过"无知的觉悟"才能彻底领悟。因此从反对诡辩家们用主观臆断的方式教授道德的立场出发，在《普罗塔哥拉斯》中苏格拉底又曾得出了"道德是不可教的"的结论。道德不仅是知识，知善并不必然保证行善，人类确实经常排斥自己认为正确的东西，明知故犯，可见徒知不足以成德，还要涉及情感、意志与行动诸因素。所以单靠讲授与听讲是不能完成道德学习的全部任务的。教育只能启迪人的道德智慧，却不能保证人一定践履道德行为。道德就其认知方面是可教的，但就其整体而言是不可教的。这是苏格拉底留给后人的一个千古谜题。亚里士多德认识到了道德的特殊性，主张道德即技能，技能可教，故道德可教，并将道德之学与教的理论大大推进了一步。他认为道德不是一种纯客观的知识，而是需要借助体验达到的技能。据此两种学习内容的区别，他把教学也分为两类：第一类是口授式教（teaching by dictating），第二类是训练式教（teaching by training）。通过口授式教可以学到知识，却学不到技能或道德，技能和道德主要通过训练式教获得。道德的教像技能的教，只能通过榜样的示范和批判性指导下的实践来教才能取得实效，道德行为规范是通过练习而不是口耳相传来学会的。

西方也有一些先哲从人性出发，通过考察教育与人性的关系，来间接论说道德是否可教的问题。洛克从彻底的经验主义观点出发，断定任何社会或文化都会形成一定的道德和价值规则体系，对于个人来说，这是一种先在的客观存在。无论是社会发展还是个人发展的需要，都要求内化已有的道德与价值规则体系。儿童生来是一无所知的，他们的心灵犹如一块"白板"，其发展的方向和速度完全取决于所受到的影响。教育作为一种精心组织的社会影响力量，担负着向年轻一代传递文化知识，传授道德财富的重任。只要对学生进行反复说教、宣传和灌输，完全可以培养起学生的道德。根据这种观点，道德教育是完全必要且可行的。尼布尔的论说相对更加柔和一些，从个体角度出发，他主张："作为个体的人可以成为道德的人，这是因为在涉及行为的关键问题上他们能够考虑与自己的利益不同的利益，有时甚至能够做到把他人的利益放到自己的利益之上。作为个体的人生来就具有同情心，并且关怀他们的同类，通过精心设计的社会教育方法可以扩展他们的这种同情关怀。他们天生的理性能力使他们具有正义感，通过教育的熏陶能够使他们的这种正义感增强；同时，他们的这种理性能力还会使他们人性中的利己成分净化到他们能够以一种客观公正的态度去评价涉及他们自己利益的社会状况。"[1]

人自身的可教性是道德之教成为可能。夸美纽斯曾把人理解为"可以教育的动物"。康德在1803年出版的《论教育》中也说过："人只有通过教育才能成为人。除了教育从他身上所造就出的东西外，他什么也不是。需要注意的是，人只有通过人，通过同样是受过教育

---

[1] ［美］莱茵霍尔德·尼布尔：《道德的人与不道德的社会》，蒋庆、王守昌等译，贵州人民出版社1998年版，第3页。

的人，才能被教育。"① 德性是康德关注的焦点问题之一，所以这里的教育自然包括道德之教。教育人类学家兰格维尔特对此也曾提出了一个根本性的观点："人是教育的、受教育的和需要教育的生物，这一点本身就是人的形象的最基本标志。"② 意大利思想家马志尼用形象的语言，肯定了教育对于人的发展作用。他认为人是能够接受教育的，在每个人身上都有一定数量的才干、智能和合乎道德的倾向，只有教育能赋予它们生命和活力，否则它们就枯燥无味，发挥不了作用，或者说只会昙花一现，而得不到正常发展。教育是心灵的食粮。正像物质的和有机的生命没有营养就不能成长发育一样，精神的和智能的生命也需要外界的影响以求得充分的发展和表现，并且必须至少吸收别人一部分的思想、感情和抱负。而教育的使命就是把整个人类进步的成果直接或间接地传给个人，在个人生活与人类集体生活之间形成和维持一种联系。因此人必须尽可能地获取教育，受德、智两方面的教育。"实际上人不受教育就不能成为一个人。"③ 教育是人不断发展、实现自身的必由途径之一。人是自然生命和价值生命的双重存在，无论是自然生命的发育完善，还是精神生命的成长，都离不开教育。教育，在一定意义上，就是人的生命的存在形式，就是人的生活方式或存在方式。人不但是唯一需要教育的存在，而且是唯一可教的存在。

（二）对道德可教性的反驳

虽然道德可教的支持者对道德教育的前景持乐观的态度，但对道德可教的反驳，如影随形般，贯穿了对这一问题的整个探究过程。既然可以从人性出发论证道德之可教，那么对道德可教的反驳，自然也可以同样回到对人性的认识上。卢梭认为，人的任何发展包括道德发展都是按照一个内部的生理时间表来进行的。儿童不是单纯地由成人

---

① ［德］伊曼努尔·康德：《论教育学》，赵鹏、何兆武译，上海人民出版社2005年版，第5页。

② 冯建军：《生命与教育》，教育科学出版社2004年版，第32页。

③ 冯建军：《生命与教育》，教育科学出版社2004年版，第31页。

的指导、社会的压力和外部力量来塑造的，他们主要按照自然的计划独立学习和生长。儿童可以完全不依赖成人的教导而形成关于社会和道德的见解。他主张让儿童从生活中、从各种活动中进行学习，通过观察获得直接经验、主动地进行学习，反对让儿童被动地接受成人的说教，或单纯从书本上进行学习。"儿童心理学之父"斯坦利·霍尔指出："有那么许多人不应该受教育，因为即使他们对学校一无所知，同样会具有比其他人更高的智慧、更强壮的身体和更完善的道德。"①所以，他认为，在儿童的品格形成中，教育所能提供的最大帮助就是不去妨碍儿童的成长。在尼尔看来，任何旨在"教导"儿童为善的努力包括道德教学在内都只会阻碍儿童的自由发展。它只会使儿童服从外在的权威和习俗，不可能使他们发展起真正的道德财富。尼尔指出："让我们建立一所学校，在这所学校里，我们应该允许儿童自己自由行事。为此，我们必须放弃一切纪律、一切指导、一切建议、一切道德训练和宗教教学。人们说我们勇敢，但这并不需要勇气，需要的是充分相信儿童是一个好人而非坏人这种信念。"②

杜威反对道德可教，其出发点是反对苏格拉底的"美德即知识"的命题，他认为，并非所有的知识都有道德的意义。"可以想象，一个有良好判断力的人并不按照他的判断力来行动"，人可以知善而为恶。在杜威看来，知识有两种，"一种是亲切的和有生命力的个人的真知灼见——在经验中获得和经过检验的信念，一种是第二手的，基本上是使用符号认识……一种是没有生命力的遥远的知识"③。亦即一种是在生活中经过检验的实用的知识，一种是从别人那里听来的或从学校课程中学来的知识。杜威认为，第二种知识没什么道德价值，也

①　王囡：《论道德教学之可能及其限度》，硕士学位论文，山东师范大学，2006年，第2页。

②　王囡：《论道德教学之可能及其限度》，硕士学位论文，山东师范大学，2006年，第4页。

③　［美］杜威：《民主主义与教育》，王承绪译，人民教育出版社1990年版，第371页。

不会深刻影响品格。"如果一个学生仅从和学校课程有关的书本学习知识，而且是为了在被提名时背诵之用，那么，这种知识仅能影响某种行为——即在别人要求时，重述别人的话"，而"不能培养个人的主动性和使他忠于别人的信念"①。那么，其他专业性知识是否有助于行为的形成和巩固呢？杜威认为也不能。在他看来，这些知识虽能改变行为，但是"只限于狭窄的范围"。他指出："在一个有目的而且需要和别人合作的作业中所学到的和应用的知识，乃是道德知识，不管有意把它视为道德知识还是无意把它视为道德知识。"② 这种"通过尝试和检验而获得的"知识，可以养成社会兴趣、发展道德卓识、改善道德行为。基于这一思想，杜威反对在学校中进行直接的道德知识的教学，在他看来学校所传授的知识并不能成为学生生活经验的一部分，因而并不真正具有教育的作用。

二　对"教"的不同理解是导致道德是否可教之分歧的关键因素

道德是否可教并不是一个纯粹的事实性问题。归根到底，它是一个关于道德价值的教育价值与效能的信念问题。主张道德可教的教育家们看到了道德与知识的密切联系，认识到了教育的道德发展价值；但他们把道德等同于其他的一般知识，把道德的教等同于其他知识的教，从而抹杀了道德教育的独特性，这一疏忽为道德不可教论者留下了把柄。道德不可教论者虽然反对道德教育，但并非完全否定广义上的教育，他们只是力图突出道德教育的特殊性，但他们对道德之教的理解过于狭窄，把道德教育与教学等同于道德说教和道德灌输。由此看来，对道德是否可教的争论，在一定意义上可以归结为对道德之"教"的不同理解：若认为学校里的道德教育是一种认识活动，只是老师直接传授知识、技能或经验，而又否定道德只是知识、技能或经

---

① 〔美〕杜威：《民主主义与教育》，王承绪译，人民教育出版社1990年版，第372页。
② 〔美〕杜威：《民主主义与教育》，王承绪译，人民教育出版社1990年版，第373页。

验，则道德不可教；若认为学校里的道德教育既是一种认识活动，又是一种实践活动，"教学"不仅是观点的传授，也是一种意志和情感的训练，可以教学生于方法、理性、自主性和智慧，而不是简单的灌输，则道德是可教的。

对道德教育持完全否定的态度的人认为：在理论上，道德根本是不可教的，在实践中，任何道德教育都会流于道德说教和道德灌输。从道德相对主义出发，他们认为根本不存在一成不变的价值和道德标准，更无人人必须遵循的道德戒律。任何道德价值都是个体经验的产物，因而是相对的。"从来没有人教会我们把某种价值体系变成我们内心的信念。"[1] 实践中的任何形式的道德教育都是对学生的思想的禁锢，对学生的自主性和创造性的压制，对学生的主体性和理智能力的蔑视。"灌输既不是一种教授道德的方法，也不是一种道德的教学方法。说它不是一种教授道德的方法，是因为真正的道德包括对那些可能处于冲突中的价值做出审慎的决定；说它不是一种道德的教学方法，是因为合乎道德的教学意味着尊重儿童正发展着的推理能力和对他们所学内容的评价能力。"[2] 这种道德灌输只能造就奴隶式的服从者和权威命令的应声虫，而不是真正意义上的有道德的人。道德之教的特殊性在于教授的是"价值"而非知识。而价值涉及个人信念、兴趣、需要，如果做整齐划一的规约，难免要被冠以"灌输"、压制人性的帽子。这也是很多人谈道德之教色变的原因。但价值也是后天习得而非先天遗传的。任性自为并不是真正意义上的价值选择，作为一种社会现象，它总要有自己独特的评价标准和客观内容。脱离了社会，就无所谓价值了。教育作为一种不可忽视的社会力量，必然会对道德的个体养成发挥不容否定的作用。现在的问题关键，就转移到

---

① 戚万学：《冲突与整合——20 世纪西方道德教育理论》，山东教育出版社 1995 年版，第 43 页。

② 戚万学：《冲突与整合——20 世纪西方道德教育理论》，山东教育出版社 1995 年版，第 23 页。

"如何教"，而不是"是否可教"上了。

第二节　对道德之"教"的一点理解

当代研究者从不同学科领域，对道德可教进行了有益的探讨，并重新考察了道德之教的内涵。我们认为，道德可教，真正意义上的道德教育，在本质上是对传统道德灌输的超越，在形式上是对直接的道德教学的超越，在目的和内容上也不应仅仅着眼于道德规范的照本宣科、正误对错的机械评价，而要关注学生自主道德学习能力的长足发展。同时，鉴于道德作为一种价值体系的特殊性，也要正确认识道德之"教"的有限性。

一　道德之"教"在本质上是对传统道德灌输的超越

对道德之教的反对者，大多把矛头对准传统道德灌输的种种弊端。传统经验论者认为，人生来如同一块白板，道德如同其他社会文化一样，完全是后天社会生活的烙印。因而为了培养有道德的人，组织专门的道德教育不但是必要的而且是可能的，在此基础上提出的道德教育主张可以划归为传统道德教育的范畴，这种教育，"所用的教材由过去已经编好的一系列知识和技能组成，因此，学校的主要任务是把这些知识和技能传授给新的一代。过去，也已经形成了各种行为的规范准则，学校的道德训练就在于培养符合这些规范和准则的行为习惯"[1]。如果认为道德就是单纯的规范体系，道德的发展就是各种规范的传授，那么就会导致传统的道德教育观。传统道德教育模式由于无视道德的主体性，无法形成道德主体稳定的道德行为，难免招致众多非难。

---

[1]　赵祥麟、王承绪编：《杜威教育论著选》，华东师范大学出版社 1981 年版，第 345 页。

现代道德教育的理念是以承认道德的主体性本质为基础和前提的，与培养自主人格、独立思维能力、批判性意识联系在一起，以尊重儿童的自主理性为根本特征，是与道德灌输根本对立的一种道德教育理念。只要我们以尊重学生的自主理性为中心，以心理学研究成果为根据，以促进学生的身心和谐发展为目标，道德责任教育完全是可能的。道德的主体本质，就是突出道德与主体之密切联系，突出道德是主体的道德，没有主体的参与，就没有道德。即是说："道德与主体的关系已经紧密到这样的程度，即不但没有主体，便没有道德，而且即便有了主体，但如果主体并不敬仰和服膺道德，也同样没有道德。"① 道德实质上是人为满足自身需要而创造出来，用以认识、肯定、发展和完善自己的手段。道德之现实力量的发挥，必有赖于主体的配合和参与。人是道德价值存在的真正代理者和承载者，是道德行为的真正执行者。与此相对应的现代道德教育恰恰是以学生的道德主体性为特征和目标的。现代道德教育摒弃了单纯的知识传授性的教，以尊重学生的自主为前提，以创造和探究能力的培养为己任，把道德规范的体认视为学生以理性的方式主动探索的过程。学生积极主动地对现有价值体系和行为规范进行独立思考，并在此基础上做出选择，把积累着人类道德经验的道德知识和道德要求转化成自己的内在需要，发展自觉的道德意识和道德判断、道德选择能力，从而可能超越现有的道德价值体系，做先进道德的探索者，创造者和践履者，走向精神解放。

从表面看，任何人都不会否定德育对象主体性发挥的重要性。现代德育首先是讲主体性的德育。关于德育主体性，我们需要拷问的有：第一，学生是不是道德生活的主体？如果是，什么时候开始成为道德生活的主人的？第二，德育对象与"外在"的道德价值和规范体系之间是一种什么样的关系？道德生活的起点不是零，儿童从一开始

---

① 夏伟东:《道德本质论》，中国人民大学出版社 1991 年版，第 149 页。

就是道德生活的主体。简而言之，由于人类整体社会实践的作用，祖先们无数次的道德操作实践会在文化心理的道德形式方面有所遗传，形成孟子所讲的不思而虑的"良知"和不学而能的"良能"或"善端"。这种先天的心理图式的存在决定着即使是未满 1 岁的婴儿也不等于道德上的"白板"，德育对象一直是道德生活的主体，一直以自己的方式生活于道德之中，理解、掌握、运用着道德规范。不能说儿童在什么时候突然变成了道德生活的主体，因此，教育工作者必须承认儿童具有先天的道德禀赋，德育过程或价值引导情境中儿童道德的学习过程并不是由外而内，而主要地是由内而外的过程。换言之，道德教育有表象或形态上的"转化"问题，但本质上却是内发和生长或建构的过程。道德教育的原点或对于德育对象而言道德教育的可能性即是对这一道德学习个体"生长""生成"或"建构"过程本质的承认。我们一旦承认道德教育的对象一开始就是道德生活的主体，就可以比较轻松地回答第二个问题——德育对象与外在的道德价值和规范体系之间的关系。在一定意义上，道德责任教育所能做的事情其实很有限，它只能是提供一种有利于个体道德生长的价值引导环境而已，道德责任意识与道德责任行为的形成最终还要依赖个体的主动性、能动性。

二 道德之教在形式上是对单一的、直接的道德教学的超越

传统道德灌输仅仅局限于直接的照本宣科式的道德说教，当代意义上的道德之教，在外延上要比这宽泛得多。国内学者檀传宝认为，关于道德的不可教的结论，应当修正为正确地理解道德教育之"教"的内涵——道德教育是有别于一般学科教学的教育。道德教育之"教"如果理解为直接的道德教育和间接的道德教育的统一，教授、学习与实践的统一，道德之知、情、意学习的统一，则道德是可以"教"的。所以肯定道德可教不等于承认道德教育与一般的知识教育是完全一样的。问题的关键在于何谓知识。杜威认为，知识分两种，

一种是亲切的和有生命力的个人的真知灼见——在经验中获得和经过检验的信念，是"成熟的生活经验的最后的和最高的恩赐"①，通过经验的种种要求而直接获得的知识会对行为产生重大的影响；另一种是第二手的、基本上是使用符号的认识——一种没有生命力的遥远的知识，此种知识并不必然保证行为。正如杜威所言："事实上，学校中的道德教育问题就是获得知识的问题——这种知识与冲动和习惯的系统有联系。"② 关于道德知识，杜威曾经提醒我们注意区别作为品性一部分的"道德观念"和作为纯粹道德知识的"关于道德的观念"。"不管是各种各样的观念，见效于行为之中，并使行为有所改善，变得比另外的情况下更好"③，都可以归于"道德观念"；无论何种观念，表现为使行为比别的情况性更差，就是"不道德的观念"；那些并不使行为受到影响，既不变得好，也不变得更差的观念，就是"关于道德的观念"。至于"关于道德的观念"，"它们在道德上也许是不偏不倚的，或者是不道德的，或者是道德的。关于道德的观念，关于诚实、纯洁和善良的见解，并非理所当然地使这种观念自动变成好的品格或好的行为"④。"道德观念"与"关于道德的观念"之间的区别，对于讨论道德教育是必不可少的，前者无论如何已成为品格的一部分从而成为行为的工作动机的一部分，而后者像诸多关于埃及考古学的知识那样毫无生气和作用而言。根据对道德观念的不同理解，产生了"道德的"教育和"关于道德的"教育。"道德的"教育必须关注受教育者的感受、经验、兴趣，使道德真正与其发生联系。"所谓'关于道德'的课当然就是别人有关德行和义务的想法的课。只有在学生以同情和尊敬之情关注别人的思想感情并受到激励时，这样的课才有效果。如果没有这种关注别人感情的态度，这种功课对性格的影

① ［美］杜威：《民主主义与教育》，王承绪译，人民教育出版社 1990 年版，第 209 页。
② ［美］杜威：《民主主义与教育》，王承绪译，人民教育出版社 1990 年版，第 374 页。
③ ［美］杜威：《道德教育原理》，王承绪等译，浙江教育出版社 2003 年版，第 8 页。
④ ［美］杜威：《道德教育原理》，王承绪等译，浙江教育出版社 2003 年版，第 8 页。

响不会大于关于亚洲山脉的知识对他的性格的影响；如果只有一种奴性的关注，就会增加对别人的依赖，而把行为的责任交给有权势的人。"① 我们反对的正是"关于道德的"课，或者说那种教义问答的教学，杜威还提醒我们："学校中道德教育最重要的问题是关于知识和行为的关系。……如果知识的方法和题材与道德的发展没有密切的、有机的联系，就不得不求助于特定的修身课和特定的训练方式：知识没有和寻常的行为动机和人生观融为一体，而道德就变成道德说教——成为各自独立的德行的组合。"② 为了避免使道德教育流于说教，他试图通过学校的所有机关、媒介和生活对儿童进行更广泛的道德教育影响。

我们想要强调的是：道德知识不同于科学知识之处在于：道德知识具有鲜明的实践性。实践性也因而成为道德教育区别于其他知识教育的根本特征。道德教育不仅要实现个体在道德方面从"不知"到"知"的跨越，而且要实现从"知"到"信"的提升、从"信"到"行"的实践。掌握了道德知识并不就是有道德，只有把道德知识的精神本质转化为自己的本质规定和实际行为，才是一个有道德的人。这就要求道德教育突破课堂的局限，拓展到学校生活的各个领域。

三 道德之教在目的和内容上应该关注学生道德学习能力的培养和发展

不同的人性论反映在道德教育中，就是道德教育对象是否具有或具有何种程度的主体性的问题，或者说道德教育在人的道德发展中的作用机制的问题。传统上，关于人性和教育问题有两种相互对立的观点。如果认为人性本恶或如白板，那么道德教育不但必要，而且存在无限的可能性，其目的和主要内容就是把既有的道德体系以规范的方式灌输给学生，培养循规蹈矩的学生是这种教育的唯一目的；如果认

---

① ［美］杜威：《民主主义与教育》，王承绪译，人民教育出版社1990年版，第372—373页。

② ［美］杜威：《民主主义与教育》，王承绪译，人民教育出版社1990年版，第378页。

为人性本善，那么道德教育就是多余之举，真正的道德发展完全而且只能借本性的自然展开实现，道德教育既没有一成不变的道德内容可教，也没有统一的道德评价标准来鉴定教育成果，所以道德教育是不可能的。当代很多关于道德的研究认为，人的确有向善的秉性和道德学习的能力，但这种秉性的展开并非是先天预设的，而是需要教育加以引导，而教育若要取得实效，必须关注道德的自主发展规律和学生道德思维、道德判断等能力的培养。

无论是传统的性恶论还是性善论，都不足以成为现代道德教育理论的科学预设。对此，檀传宝教授提出"新性善论"是现代德育的基础。新性善论就是用辩证唯物主义解释的性善论。孟子说："人皆有不忍人之心。所以谓'人皆有不忍人之心'者，今人乍见孺子将入于井，皆有怵惕恻隐之心……无恻隐之心，非人也。"① 长期以来，我们将其视为唯心主义或先验论的论调，从而对其做出了片面的批判。但是，时代发展到了今天，儿童具有先天性道德禀赋的事实实际上已经得到了许多心理学理论的证实。认知学派说的图式、格式塔学派讲的格式塔、马斯洛讲的超越性需要都具有某种先天性。移情实验也证明儿童有先天的社会移情能力。学界不仅承认儿童道德自主学习的可能性，而且已经有学者开始由道德教育观向道德学习观转变，认为"道德学习之于道德教育，并非简单地'参与其中'，而是'就在其中'"②。

国内道德教育专家朱小蔓教授在谈及道德学习问题时曾强调："道德学习这个词相对于道德教育而言，更强调人是可以学习道德的，并且人是可以自主地学习道德的。"③ 她还援引了三位国外学者的研究成果。第一是威尔逊，他认为"人的生物性中就包含合作和自我牺牲的倾向；人是热爱生命的天使；人在最原始的内心深处就有一种要

---

① 方勇评注：《孟子》，商务印书馆 2017 年版，第 60 页。
② 戚万学等：《道德学习与道德教育》，山东教育出版社 2006 年版，第 11 页。
③ 储召生、张圣华：《德育其实并不枯燥——中央教科所所长朱小蔓博士畅谈德育新理念》，《中国教育报》2004 年 3 月 2 日。

'与人相联系'感觉"。也就是说，人的这种要与人相联系的社会性是与生俱来的，或者说人的道德学习的潜能是与生俱来的，根本不是学校领导、老师和家长强迫他去学的问题，相反，教育者要考虑是不是用不恰当的教育压抑了人的道德学习积极性。第二位是伽德那，他做了很多的实验，发现道德中最重要的两个观念——尊重和公正——在人脑中都有生物学的基础，因此他把它称为"人的第九种智能"，也就是道德智能。既然人有这种道德学习的潜能，那么教育者就应该通过各种方式让它发挥出来。第三位是丹尼斯，他在 1994 年就提出，人有"将内在知情欲的精神潜质现实化"的真诚冲动，并且由于人的这种精神潜质和自我、时空、环境发生各种关联，或得以彰显，或受到压抑和挫伤导致功能失调。也就是说，人的道德意识和道德动机存在精神上的根基。① 我们认为，由于人类整体社会实际的作用，人类个体已经先天地拥有某种对个体来说是先验的但对人类整体实践来说是后天的社会性心理文化结构的遗传存在。这一社会性遗传不是说道德教育并不重要，而是说它提供了我们道德教育的可能性。正是基于人的道德学习能力，我们说"你们没有罪，因为你们无知；你们有罪，因为你们听任自己处于无知状态"②。正是由于先天的道德禀赋存在，道德教育才能有发掘并发扬光大这一禀赋的可能。当然，这也是我们从一开始就必须尊重教育对象的重要理由之一。

道德可教，并不仅仅意味着关于道德责任的一些基本概念可教，更重要的是，道德责任教育可以促进学生与道德责任判断、选择有关的道德思维的发展。道德责任的践履不仅包含了对自己的价值选择和行为结果的认识，与道德理性或者说道德推理、道德判断的能力也有很大的相关。通过给予个人以做出道德选择的具体经验和道德推理技能的实践，使人学会负责，对道德教育而言是可能的。虽然对自己的

---

① 储召生、张圣华：《德育其实并不枯燥——中央教科所所长朱小蔓博士畅谈德育新理念》，《中国教育报》2004 年 3 月 2 日。

② ［意］马志尼：《论人的责任》，吕志士译，商务印书馆 1995 年版，第 73 页。

道德责任的认识不一定保证个体百分之百地履行自己的道德责任，但无知或不完善的道德认知能力肯定无法保证道德责任的履行。道德认知学派主张，道德在本质上表达了对每一种文化都是有效的一套判断和决策的理性原则，它体现了人类利益和公正原则。行为要高度符合道德，就需要道德推理能力的发展达到很高的阶段。成熟的道德行为要求以成熟的道德思维形式作为前提，一个特定的道德行为只有当他处于发展的序列中才变得恰当，在那里，儿童有合理的理由或观念支持道德行为。正如我们在第四章中的分析，道德责任的个体发生、发展是主体借助自己的理性能力，在社会交往和协作过程中自主建构、由他律走向自律的过程。道德判断与道德行为之间有一种稳固且确定的关系，促进道德行为的更成熟的形式对促进道德行为的长期目标来说是合适的。从这个角度理解，"最好不将道德行为仅仅看作是'好的行为'，而更要将它看作符合成熟的道德判断的行为"①。道德判断能力的培养，应该成为学校道德教育的一个重要组成部分。

我们肯定了个体自主的道德学习能力，肯定了道德责任观念认知和道德责任推理能力的发展对于促进道德责任行为的积极意义，借此，我们可以说道德责任教育是可能的。或者说，道德责任教育的基本问题不是"道德责任是否可教"的问题，而是"如何教"的问题。如果把道德教育完全等同于学科教育，照本宣科、一味灌输，它自然难以完成培养有道德的人的任务，有道德的人并非是语言的巨人，而是要躬行实践，正是因为道德教育实效上的知行脱节，有人反驳说道德不可教。但如果完全否认道德教育，选择"取消学校运动"那样的极端做法，情况反而会更糟。

四　客观看待学校中道德之"教"的有限性

肯定在学校中开展道德教育的可能性，并不等于说道德教育尤其

①　[美]柯尔伯格：《道德教育的哲学》，魏贤超等译，浙江教育出版社2000年版，第89页。

是学校道德教育的功效就是无限的，就能解决所有的道德问题。"与其他内容的教不同，道德教学既不同于知识的教，也不同于能力的教。它是以学生为主体，以真实的人性为基础，关心学生的现实生活，引导学生认识道德在人类社会发中独立的终极意义，使他们把对道德的追求看作是人生的目的和归宿。在道德追求中，体验做人的伟大、尊严、快乐和幸福。因此，在学校中进行的道德教学是有限度的。"①

首先，道德的实践特征决定了即使学校道德教育能囊括所有的道德规范、穷尽各种道德思维能力的培养，但学生能否始终如一地把道德观念转化为稳定的道德行为，依然是一个变数。因为各种现实而具体的道德情境，最终只能由学生去把握。毕竟道德不仅是知识，还是情感、意志与行动。单纯的知性道德是有限度的，知性道德与品行道德的统一才是有意义的。而道德及道德教育"不是以真假的范畴来认识世界，也不是以美丑概念来表现世界，而是以善恶来评价世界，以评价、调节的方式来把握、完善世界。它以良心、义务、规范、命令的形式，指向人的活动，与人的实践活动结合为一体，作为目的、方向、灵魂而发挥着它实践的功能"②。道德在本质上讲是自律的，是人内心对自我的自觉要求，是灵魂的善。赫尔巴特认为人具有从意志转化为道德的可塑性，因此人在道德上是可教的。但它同时承认，人的可塑性并非永无止境。可塑性意味着道德上的不定型，儿童的不定型程度受个性的限制，通过教育使儿童在道德上定型，受环境和时间的限制；成年人的定型过程是一种内部过程，教育对此无能为力。总之，道德教育的功效有时间维度上的有限性。当然这种理解失之片面，但它的确认识到了道德有别于客观知识的特殊性。

其次，就学校道德教育自身来看，在一切有关道德教育的偏见

---

① 王囡：《论道德教学之可能及其限度》，硕士学位论文，山东师范大学，2006 年，第 32 页。

② 陈根法：《心灵的秩序——道德哲学理论与实践》，复旦大学出版社 1998 年版，第 277 页。

中，最为根深蒂固的也许是这种信念，即它可以作为一门与学校课程中的所有其他学科毫不相关的孤立的课程而被教授；不管是借助于训诫还是相对而言较不明显的方式，进行道德说教的教学，能将可以接受的道德行为模式逐渐灌输给那些处于这种教育制度下的儿童。时至今日，我们的许多显性或隐性道德教学——甚至当它并不进行说教时——也暗示，它是一门与其他学科相隔离的特殊学科。尤其是与自然学科的关系，好像价值与真理有所交叉是不可思议的。但涂尔干认为，我们虽然没有提出一种能够借助实证理解并指导我们的行动的道德科学，但是，即使物理科学、生物科学在品格形成中也发挥着重要作用。"自然只有在这样一种情况下才与道德无关，即把道德生活与自然界其他事物分离，或道德生活完全超越经验领域。自然科学确能有助于我们更好地理解人类领域，并赋予我们以精确的观念和良好的理智习惯，从而指导我们的行动。"① 就我们现行的学校道德教育理论与实践而言，距离真正的整合性大德育还是有一定差距的，其功效自然要打个折扣。

最后，把学校道德教育放到更加宽广的社会生活中加以审视，道德归根结底是在每个个体的生活中并经由其独特的生活体验形成的，道德发展的根基不是学校道德教育而是生活世界。每个学生都有自己的生活世界。生活构成了对每个独特个体的存在方式最完整、最生动、最质朴的表达。就学生而言，其生活在空间和时间序列上，学校都只是在特定阶段经历的一个特定生活场景。较之更加广泛的生活范围和漫长的生活经历而言，学校道德教育都只是一个暂时的因素。万物皆变，唯变不变。更直接地说，生活世界才是道德教育的根基，因为生活世界是蕴藏着丰富的价值和意义的世界，人们在具体的生活中能够探寻和感悟到其中的乐趣、价值和意义；同时，生活世界能够帮助学生确立生活信念，它是构成学生的各种认识素材的主要来源。学

---

① 王图：《论道德教学之可能及其限度》，硕士学位论文，山东师范大学，2006年，第34页。

生道德意识的产生、道德情感的陶冶、道德意志的锤炼和道德信念的确立都离不开个体的现实生活和活动。在学生现实的道德生活和活动中，在学生现实的社会交往中，学生的道德主体意识和主体能力得到提高，逐步学会处理各种各样的利益关系，进而使学生道德不断完善和自我超越。这些是直接和间接的学校道德教育无法比拟的。

当然，分析学校道德教育的限度，并非否定其在道德发展中的重要作用。从人的道德发展历程而言，一个是外部的社会生活历程，会先后经历家庭、学校、社会三个场所；就内部而言，有一个由无知到知、由自觉到自为的过程，最终达到主动地判断、选择价值标准并加以持守的境界。显然，家庭和社会中的教育是自发的，其教育效果随个体学习能力的长进、甄别对错与善恶水平的提高而存在差异。而学校作为公共教育机构则超越了家庭教育中所包含的血缘关系，为现代人的成长拓展出最初的公共领域。学校不仅有计划、有组织地向学生系统的传授社会的道德规范和价值标准，而且还通过有意识地组织各种活动来训练、培养学生某些特定的行为习惯和道德信仰。它一方面强化学生早些时候在家庭已获得的社会认可的行为方式和价值标准；另一方面还可以不断纠正由于不良的家庭教育发生和社会影响所造成的不良行为和错误观念，并在此基础上有意识地使学生形成一系列新的行为技能和技巧，帮助他们进一步理解道德规则的社会意义。因此，无论学校道德教育已经、正在或将来会发生何种变化，人们是不会放弃对学校内道德之教的努力的，因为："第一，这种教学不可能对教室之外的言行没有效果；第二，只有傻瓜才不会用其他方法来支持它，这将鼓励迁移；第三，教会学生在道德领域如何做就已经达到了一定的目的，即使他们很少这样做——实际上我们并不仅仅因为他们很少利用真理就反对把真理教给他们。"①

---

① 王囡：《论道德教学之可能及其限度》，硕士学位论文，山东师范大学，2006年，第27页。

　　较之道德是否可教的颇多学术争议，道德教育却从未真正在日常生活中被抛弃。每当国家陷入政治危机或道德危机时，人们就会将社会生活中的道德问题与盛行的社会道德准则和公民在学校内外所接受抑或没有接受的教育相联系起来。无论学校存在于何处，它们一直被指望去加强、补充有时甚至替代儿童在家庭或教堂里所获得的道德教育。道德教育的可行性与有效性已为许多国家的教育实践所证实。近十年来，世界各国纷纷设置道德教育课程或其他专门从事道德教学的课程，作为对日益混乱的社会、学校秩序和日益增多的青少年问题行为的一种反应。仅亚洲就有孟加拉国、马来西亚、新加坡、日本、印度尼西亚、中国等十几个国家在中小学开设了这一门课程，西方各主要发达国家的社会大众对品德教育回归学校的呼声也日益高涨。美国波士顿大学伦理道德和品德教育发展中心主任凯文·瑞安（Kevin Ryan）认为，学校进行品德教育，实际上是恢复公立学校传统的教学课程。在大专课程中增设伦理道德课程，在学生中开展各种道德教育活动，制定学校品德教育计划，成立道德教育研究机构和道德教育实验室，显示了道德教育向学校的回归。正是基于此，有人把道德课教学看作是当代道德教育自觉性增强的重要标志和道德教育复兴的一个例证。

第三节　道德责任可教是道德可教的合乎逻辑的结论

　　关于道德责任是否可教，相关直接论述尚不多见。因此我们不能牵强附会、生搬硬套关于道德可教的结论并直接套用到道德责任可教问题上。但如果我们从道德与道德责任的关系角度来考虑，在某种意义上，道德是否可教与道德责任是否可教，就是同一性质的问题了。因为道德和道德责任同属价值问题。道德责任是道德的下位概念，石里克甚至将道德责任尊为伦理学的核心范畴。古希腊哲学家西塞罗将道德责任看成是"整个哲学领域……最富饶或最有成果的"一部分，因为道德责任描绘出了人应有的道德生活的全景。道德责任以个体自觉自愿地承担为最高境界，这也是道德责任与其他责任的根本区别。马克思曾说过："责任所包含的道德强制力和道德理性，是所有道德规范中最多的，也是社会的道德要求和个人的道德信念结合得最紧密的"①。在哲学史上，康德对道德与责任的关系作了较为系统的考察。按照康德的理解，合乎责任的行为严格来讲并不具有道德的性质，只有出于责任的行为才具有道德价值。道德责任是道德评价的前提。黑格尔则认为，道德就是关系、要求和应当。意识和行为应当如何，就是对意识和行为及其相互关系的道德要求。"应当"包含了某种规定，规定同时包含着某种"应当"，而规定所指称的"应当"，就是人们应尽的义务和责任。黑格尔说："道德之所以是道德，全在于具有知道自己履行了义务这样一种意识。"② 由此推理，在一定意义上，可以把道德责任视为一切道德价值的真正基础；而道德，在一定意义上即是自觉履行责任。事实上，任何道德规劝，都必须在转化为个人主观内在的责任时，才能得到忠实的履行。一如石里克所言："重要的问题始终在于，责任感意味着承认一个人的自我，即一个人自己的心理过程，构成了把各种动机用来控制他的躯体活动的中心点。"③ 正因为如此，我们认为道德责任具有特别重要的地位和作用。

　　道德责任是可教的，无论如何，广义上的道德和道德责任也是一种知识体系。知识是人为了生存，在适应与改造环境（包括自然环境与社会环境）的过程中，不断地积累经验，提高认识，并使之系统化的结果。道德责任作为协调关系的一种规范体系，不论其形式如何变化，都是人类在为了生存、发展而发生的各种关系中，对日渐积累的生活经验进行理性总结的成果。对于任何个人而言，道德责任都是一

---

① 《马克思恩格斯全集》（第三卷），人民出版社 1956 年版，第 52 页。
② ［德］伊曼努尔·康德：《道德形而上学原理》，苗力田译，上海人民出版社 1986 年版，第 157 页。
③ ［德］石里克：《伦理学问题》，张国珍等译，商务印书馆 1997 年版，第 139 页。

种"先在"，不能借助生理遗传基因来实现传承。人类的道德财富，同其他知识一样，具备借助教育进行传递的可能性。教育是人类社会传递文化知识的主要工具，也是个体的一种特殊的认识实践。为其他知识领域安排专门的教育和教学的必要性已为理论和实践所证实。道德责任作为一个知识领域，同其他任何知识领域一样，也有自己独特的范畴、过程和方法，这就决定了不能把学生道德责任的形成和发展完全诉诸学校、社会中的一般影响，也不能指望通过其他知识领域的教育满足道德教育的全部要求。因而，组织专门的道德责任教育，并通过特定的教学组织形式阐明道德责任的有关范畴、原则和规则，使学生更好地理解道德责任的价值和意义，不仅是必要的，而且具有逻辑上的合理性。把道德作为一种附加的或边缘性的课题加以对待只能招致灾难。道德责任同样如此。即使我们不能肯定专门的学校道德责任教育就能从根本上解决道德问题，但至少我们可以肯定，学校道德责任教育具有任何其他学科所无法替代的作用。专门组织的道德责任教育能够阐明道德的有关范畴、原则和规则，使学生更加理解道德责任的意义，已经形成的道德责任观念能帮助学生对道德责任问题、道德责任情境进行更深层次的认识和理解，学生的道德责任判断、道德责任推理等道德能力也得到了发展，这对学生实践负责行为，发展自主的道德责任能力具有重要作用。

美国当代著名伦理学家尼布尔也肯定教育无疑能够解决许多社会问题，能够增进人正视其同类的需要并与其同类和睦平等相处的能力。在明确了道德责任的可教性之后，我们需要做出进一步的思考：道德责任如何教，或者道德责任教育能否纳入学校道德教育的目标体系中？这实际上关涉的是如何把道德责任教育的科学理念转化为具体的教育实践。这就是本书最后着重解决的问题。

第六章　学校如何教学生学会负责

　　学校道德责任教育研究，首先要解决的问题是人何以要负责、人要负何种责任；它最终要归结到这样一个根本性问题——就学校教育而言，究竟如何进行道德责任教育方能使学生学会负责。因为对学校道德责任教育的现实性、可能性的研究，只有落脚到可行性、可操作性的层次，才能使这一论题的研究具备基本的实践力量与实际价值。哲学、心理学、社会学的相关研究为我们思考学校道德教育如何教人学会负责提供了必要的理论基础。但理论只有回到实践，接受实践的检验，其合理性才能加以说明，理论的实践价值才能得以彰显。由此，接下来的任务就过渡到对学校道德教育如何教学生学会负责这一论题的探讨上来。

　　对本书而言，道德责任教育的实践层面的探查是一个更为根本的现实问题。这里，我们拟首先对学校道德责任教育的概念进行界定，简要分析其必要性，然后对实践领域中的几种主要模式加以梳理、检讨，找寻其对道德责任教育的正反两方面的价值与限度；在此基础上，重点探讨学校道德责任教育的基本理念，并尝试对学校道德责任教育实践策略提出一些可行性建议。

第一节　学校道德责任教育的内涵

　　任何对道德教育的探讨，都不可能不涉及责任教育。因为从一定意义上讲，道德教育实际就是道德责任教育，就是教人负责地去行动。道德责任教育是人的发展与完善的永恒需要，也是学校道德教育在目前特定社会发展与现状下，寻求理论突破、走出实践困境的迫切选择。

一　学校道德责任教育的内涵

责任教育或道德责任教育经常出现在日常生活的话题中，也有很多研究者就其进行了研究。但令人奇怪的是，何谓道德责任教育却鲜有专门的界定。或许它已成为如此"自明"的一个概念，人们对此已经有了某种共识，以至于无须对其做出清晰的界定。然而，模糊的概念，极易使道德责任教育在具体的实施过程中演变为一种形式主义的随意性活动。由此，在讨论学校道德责任教育的各种实际策略之前，就必须首先明确道德责任教育特别是学校道德责任教育的内涵。

目前，关于道德责任教育或学校道德责任教育较为明确的界定鲜有论及，但也存在不同角度的理解。如 2004 年浙江省规划课题《做一个有责任感的人——小学生责任感培养的实践与研究》在其研究报告中，把责任教育定义为"对学生进行以'责任'为核心的政治思想和品德教育，目标是培养学生的责任意识，增强学生对祖国和民族、对社会和环境、对家庭和邻里、对自己的责任感和负责精神，并外化为忠于祖国、献身社会、关心他人、保护环境、完善自我的责任行为，塑造科学的责任观"。还有学者认为，学校责任教育就是"在学校中进行的各种有目的、有计划的以培育和发展学生责任感的教育活动过程，包括课堂关于责任相关的理论知识、责任规范的讲授和课外道德责任实践的引导"[①]。这些理解或者将责任教育囿于政治或思想的范畴，或者将其视为某种"课堂行为"或附带的任务，都没有把握道德责任这一范畴之相对独立的内涵、外延，因而还不能帮助我们把

---

① ［德］伊曼努尔·康德：《道德形而上学原理》，苗力田译，上海人民出版社 1986年版，第 157 页。

握道德责任教育的本质含义。我们认为，一个清晰的概念，应该在内涵和外延两方面，清晰地概括出该概念的本质特征。根据上述几章的论述，我们将学校道德责任教育界定为：在学校中进行的旨在教学生学会负责的，以自由为基础的，有目的、有计划、有组织的各种教育影响活动过程。

本书之所以把道德责任教育限制在学校中，并非认为其他社会组织没有道德责任教育的任务，或者以其他方式进行的道德责任教育是不重要的。我们主要基于如下考虑：其一，我们的研究范围是学校道德教育，而非广泛意义上的道德教育，研究的主题是学校道德责任教育。因此，我们的任务并非是解决宏大的问题，而是针对一个具体问题进行深入的研究。同时，我们的意图也并不局限于道德责任的抽象论证和哲学沉思，而是希望在观照实践的层面上进行讨论，故而，学校中的道德责任教育就成为关注的重点。其二，学校作为整个教育体系的主要领域，有明确的教育目标和实施者，便于组织各种教育资源，甄别各种教育内容，因此，比其他各种教育影响更易集中优势力量，获得教育的实际效果。学校中的道德教育者大多受过专业的培训，整体素质比较整齐，不仅有条件实施各种教育理论，而且这本身就是他们的责任。最重要的是，学校是学生一生中的必经阶段，学生绝大部分的青少年时期都是在学校中度过的。而且在这一阶段，学生的个体发展恰巧处于关键时期，教育影响可以期望取得事半功倍的效果。

二　学校道德责任教育的必要性

当下关于道德责任的种种探索不可谓不多。既然要提学校道德责任教育，那么第一个问题可能就是"为什么要在学校中开展道德责任教育？"或者"学校道德责任教育何以必要？"对此问题，我们拟从三个维度进行分析。

（一）学校道德责任教育是人作为一种"责任存在"的生存与发展的需要

关于人性、人性的假设与道德教育的关系，我们已经在前面探讨过。因此在这里我们关注的是现实的人的生存与发展与学校道德责任教育的关系。我们认为，人作为一种责任存在，其生存和发展都有赖于学校道德责任教育的支持。

在现代背景下，每一个个体和全人类都必须重新思考关于生存与发展的问题。对每一个个体而言，关于存在的终极意义的问题就是"我应该如何度过我的一生"；对全人类而言，我们步入新世纪面临的两个最重要的问题就是"我们如何学会与他人共存"和"我们如何与自然共存"。生存自由是人不懈追求的一种状态取向和行为理念，在实质上是人的一种可负责任的状态。"中西方思想家对人生沉思的一个积极成果，就是发现了人生的自由、人的发展存在于对人生责任的履行过程之中，而人生责任的概念与实践又反过来决定着人生自由的性质和范围。"① 责任与自由是一对矛盾统一体，通过自觉履行责任达臻自由的过程并不是一个轻松的过程，否则责任也不会成为一个古老而又众说纷纭的话题。

较之人的生存，人的发展是一个更加动态、更加复杂的话题。人的发展，最终要达臻一种什么样的目的和境界呢？联合国教科文组织指出："人类发展的目的在于使人日臻完善；使他的人格丰富多彩，表达方式复杂多样；使他作为一个家庭和社会的成员，作为一个公民和生产者、技术发明者和有创造性的理想家，来承担各种不同的责任。"② 而道德责任是各种责任的核心体现。因而，道德责任就成为人的发展的重要内容和目的。处于社会中的人的道德责任是社会对个人

---

① 姚新中、焦国成：《中西方人生哲学比论》，中国人民大学出版社 2001 年版，第 128 页。

② 联合国教科文组织国际教育发展委员会：《学会生存——教育世界的今天和明天》，教育科学出版社 1996 年版，第 2 页。

的一种义务和规定，对个人而言就是一种不可推卸的任务。人通过承担责任，实现了与他人、社会的联系，从而实现了自我的价值，同时促进了种的发展。

随着社会的进步，人越来越自由，但人的责任也越来越凸显。人的全面发展过程，既是自由的增进过程，也是人的责任的增生过程。人的自我实现程度愈高，人的责任程度也就愈大。人类认识改造自然社会领域的拓展，也就是人的责任对象的伸张。人的自由度与责任度相关，自由以责任为衡度，责任以自由为量度。杜威把伦理学视作研究人的行为的科学，而人的行为研究最终必须归诸人和人的本性，在一定程度上，可以说伦理学就是依据于人的本性的科学，其实质目标就是寻求控制和调解人的行为的合理方式，这种原因不是单方面的，必须从人的本性与外部环境的相互作用中寻求解释。人的行为首先受制于人的本性发展，因而对人的行为的控制和调节也就是而且首先是对人的本性的调控或引导。故而，"道德很大程度上就是研究控制人的本性"①，使之与社会文化环境的相互作用更为适应、更理智。这种控制疏导的基本方式之一就是教育。彼得斯认为，道德甚至社会就是一种规则体系，可以分为基础性规则和程序性规则，前者是适用于各种社会条件的普遍规则，后者是为了证明服从规则的活动所需的解释性规则。"从道德教育观点看，传递程序性规则和基础性规则将是特别重要的。……因为在一个急速变化的时代，传递基础规则以及程序性规则的最少限度的装备是重要的，缺乏这些，人们将不能理智地对依据基础规则或者对处于更加相对地位的规则所做的决定提出异议。"② 或者说，如果没有讲授的道德教育，人们就难以理性地辨别是非并为自己的选择辩护。学校道德教育不能漠视道德责任及其教育之于个体发展的价值。道德责任教育是人的自我实现的重要力量。

---

① 万俊人：《现代西方伦理学史》（下），北京大学出版社 1990 年版，第 308 页。
② ［英］彼得斯：《道德发展与道德教育》，邬冬星译，浙江教育出版社 2000 年版，第 49 页。

（二）道德责任教育是学校教育对现实社会所承担的最基本的责任

教学生学会负责，是当今社会道德生活状况的迫切呼吁。我们应该清醒地认识到，当今我国公民道德状况中确实存在不少需要正视和努力克服的不良现象。例如职业道德责任意识缺乏导致的玩忽职守、渎职腐败；社会道德责任意识淡薄导致索取与奉献、权利与义务的失衡，社会公正和公共安全在冷漠中屡遭践踏；环境道德责任意识导致或者为了局部和眼前利益而不计后果，肆意进行破坏环境、掠夺式的资源开发；家庭道德责任意识缺乏，一幕幕家庭惨剧上演；科技的飞速发展，一度给我们带来了丰饶的物质文明，但也产生了越来越突出的问题，"技术已经产生了严重的有害结果。它已经危害着，并且仍然在破坏着人与他的环境之间、自然与社会结构之间、人的生理组织与他的个性之间的平衡状态。无可挽回的分类状况正在威胁着人类。应付这许多危险的责任大部落在教育上面了。挽救这种局面的工作包括竭尽全力设法防止这种分裂，预防和抵制来自技术文明的危险。教育要承担这个新任务，即提醒人们去认识这种危险。虽然有许多理由说明由教育承担这个任务是十分合适的，但是人们却时常低估了这一点"①。虽然我们不能寄希望于通过教育解决道德问题来消除一切社会问题，但道德在转化为个人的品德和责任后，却可以借助自律——对人性中泛滥的欲望、冲动以及消极行为的自控——有效预防或减少社会问题的增多或加剧。学校道德教育作为社会改革与建设的一个重要阵地、作为合格的社会公民的培育基地责无旁贷。

教学生学会负责，也是当今社会民主发展进程对人的素质提出的新的要求。当今社会，是一个日益走向现代文明的社会，相对于传统的即前现代的社会而言，现代社会是一个以理性自觉为基础，以政治民主、经济自由和文化多元为基本特征的文明社会，造成了罗纳德·

---

① 联合国教科文组织国际教育委员会：《学会生存——教育世界的今天和明天》，教育科学出版社1996年版，第134页。

德沃金所说的"公共领域"与"私人领域"的明显界分，进而带来了个人行为选择的自由自主程度之前所未有的伸张。无论是社会民主的广泛推进还是个体民主意识的增强，民主本身对道德、道德教育有特殊诉求。因为社会民主就是人民的自主、自治、自享，个体民主意味着人能自主、自觉地选择和决策。因此，"民主教育必须成为真正实行民主的准备。……民主教育必须使公民具有从事社会经济活动的坚实基础，而且必须加强他们的判断力。民主教育必须在个人关心的和努力的各个方面——政治、公共事务、工会活动、社会与文化生活等方面——使每一个人勇于负责和积极行动，并帮助他们保持自己的自由意志，做出可靠的个人选择"①。教会负责，教会选择，是当前道德教育的一个重要使命。

教学生负责，亦是全球化时代因人的共生性存在所作出的必然选择。全球化已成为当今社会发展的主流。当代人与人的关系不仅越来越密切，相互之间的互动不仅更为频繁，而且扩展出诸种新的特征。不论个体生活于何种时空条件下，他绝不是孤立的、自我封闭的，而必定是与他人相互联系的，更突出地表现为人和人是一种共生的存在。从当今世界所面临的重大问题而言，每个个体，每个局部、地域、民族、国家都不能置身于人类共同命运之外，他们之间承担着共同的灾难和风险，同样也需要共同的努力来加以解决。著名德裔美籍伦理学家汉斯·尤纳斯指出，高度发达且得到普遍传播和广泛应用的现代科学技术，不仅使人的能量及其影响和效应的时空范围得到了史无前例的扩展，而且从根本上改变了人的行为的性质，其消极后果甚至足以导致人类的毁灭，并毁灭整个大自然生物圈。20世纪末期，联合国教科文组织在研讨21世纪全球教育走向的过程中发现"不断演进的知识体系"和"人的日臻完善"中，必须包括关心社会和关心全球的品质

---

① 联合国教科文组织国际教育委员会：《学会生存——教育世界的今天和明天》，教育科学出版社1996年版，第135页。

内容,以此充实教育和改革教育,才能解决现代人的生存危机,保证"地球村"建设的生态性。1989 年在北京召开的"面向 21 世纪教育国际研讨会"的主题被定为《学会关心:21 世纪的教育》,学会关心即是"关心个人、他人、群体、全人类;关心社会、经济、生态、全球生存环境;关心真理、知识、学习等生存技能及其人道取向"①。"关心"的内涵在这里极为丰富,远远超出日常生活的范畴,从而上升为一种关心的价值观。从本质上说,关心就是人对自身作为关系型存在的发现、认同和情感化。关心可以导致责任的自觉。因此,"学会关心"与"责任生成"具有内在的逻辑一致性。由马克斯·韦伯在 20 世纪初首倡、以汉斯·尤纳斯等人为突出代表的责任伦理学把"责任"作为一条人人必须遵循的基本的道德律令。这一责任伦理学概念一经提出,便不仅在专业领域内,如哲学、神学界产生了巨大的反响,而且还通过对日常语言的渗透,强烈地激发并推进了当代相关的政治、经济、社会问题的探究,从而引起了广大公众的共鸣。因为责任原则应当说是解决当代人类面临着的复杂课题的最适当、最重要的一个原则,而责任伦理这一概念,又恰如其分地体现了当代社会在技术时代的巨大挑战面前所应有的一种精神需求与精神气质。一句话,责任伦理之所以能够超越学术范围,引起广泛的重视,就在于它适应了时代的精神。教学生负责,是学校道德教育顺应时代精神的必然选择。

(三)道德责任教育是当前学校道德教育走出理论与实践困境的必要选择

教育作为社会的有机组成部分和培养人的工程,"应把社会的发展和人的潜力的实现作为它的目的"②。教育,首先是做人的教育。道德教育始终是教育的核心。而道德在一定意义上就是道德责任;缺乏

---

① 王义高:《跨世纪教育的一个共同主题——既学会生存又学会关心》,《人大复印报刊资料·教育学》1995 年第 6 期。

② 联合国教科文组织国际教育委员会:《学会生存——教育世界的今天和明天》,教育科学出版社 1996 年版,第 5 页。

责任内涵的道德是空乏无物的道德，是知行脱节的道德；成为一个有道德的人就意味着去履行道德责任，按"应当"的责任来规约自身的行动、生活与交往。如果说，道德天然地具有责任的内涵，那么，道德教育也天然地包含道德责任教育，道德教育也就是责任教育——造就责任主体的教育。更为重要的是，鉴于目前道德教育的理论局限性和实效持续低下的困境，道德教育改革势在必行。道德责任教育不失为一种值得尝试的选择。

我国一直非常重视道德教育。但道德教育实效的低下，也是一个不争的事实。甚至有人惊呼道德教育已陷入重重危机之中。究其原因，与现行道德教育过于意识形态化以及实践操作中的"高、大、空"和无"我"无责任有关。具体表现是：学校道德教育功能偏重多元救世，过度强调个体社会化的目的指向，随政治、经济、文化、生态发展所需游移不定，意识形态色彩浓厚，而漠视对个体的终极关怀，消解了法由己立的道德本质，否定了自主自觉的道德主体；道德教育内容繁芜陈杂、频繁变动，却唯独没有切实关注学生的真实生活状态；道德观念的绝对化、道德境界的过度理想化，既脱离社会变革，又游离于学生理解水平和现实生活之外，自然遭到了学生的本能拒斥；道德教育方法死板、单一，用规范宣讲取代心性修养、用无条件服从压制自由选择的愿望、用标准答案封锁理性思考，学生被剥夺了理智活动、行为决策的权利、机会和发展能力的可能性，一切由别人代为决定，沦为等待灌输的容器和受外力操纵的提线木偶，一旦离开外在规范，就由循规蹈矩的听话的学生变成了唯唯诺诺的应声虫或阳奉阴违的伪君子。就道德氛围而言，道德教育的实施者的不负责现象，对培养学生的道德责任行为产生了不可估量的负面影响。

真正有道德的人，应该是能将道德见诸行的人。真正的道德行为，是道德主体自觉、自律、自为的行为。这种自觉、自律和自为，总是基于主体对其所处的社会道德生活境况的认识、经过自身一定的道德推理的结果，没有经过道德主体的任何道德推理而实行的行为，即使是一种合乎道德要求的行为，也并非一种自觉、自律、自为的真正的道德行为。传统道德教育只强调规则和法令，没有将学生作为有意识的自由个体，原本是促进学生道德生命自由生长的教育，却成为驯服学生的工具。我们是在要求"听话"的道德，培养循规蹈矩的学生，但是听话的背后，却隐藏着缺乏主体性、创造性和责任心。这种缺乏主体自由意志的服从在根本上是违反道德本意的，也不可能培养出真正的责任者。教育的过程是一个积极主动的过程，是与学生主体的活动息息相关的过程，任何压制的方式都不可能取得良好的教育效果。教育就是尊重学生的自由选择，并不断增强其自由选择的能力，而学会选择正是联合国教科文组织倡导的 21 世纪的教育新理念，学会负责也因此成为 21 世纪学校道德教育的新要求，责任的教育必然成为学校道德教育的现实选择。有学者认为，个体的道德推理在当今社会出现了三种变化，一是在民主自由和公平正义等现代社会价值观念滋养下，大多数国人在面临需要处置的道德情景并为之进行道德推理的时候，越来越诉诸自己独立自主的理性思考，而越来越少盲从于外部道德说教或传统道德权威。二是，重视对社会伦理秩序和道德规范做基于个人主体理由的必然性和合理性拷问，只有能够经得起这种拷问的社会伦理秩序和道德规范，才可能被自觉奉为个人道德决断和行为抉择所遵从的道德律令。本来，诚如麦金太尔所说，任何先在于道德主体的普遍的伦理道德规范和原则，之所以能够被作为现实具体的道德主体的"我"选择和接受来作为规范"我"的行为的权威性原则，就在于其能够经得起"我"对"选择它们的理由"的追问，"当且仅当这些理由是充足的理由，这些原则才会具有相应的权威"①。三是，从"权利与义务对等交换"的公平观念和"合理利己主义"的价值观念出发，来判断既有伦理秩序和道德规范是否具有基于其个人自身理由的必然性和合

---

① ［美］阿拉斯代尔·麦金太尔：《追寻美德》，宋继杰译，译林出版社 2003 年版，第 54 页。

理性根据（即所谓道德原则的主体必然性和合理性根据）、是否应当被遵奉为道德决断和行为抉择所应遵守的道德律令，这成为日益普遍的道德推理思维方式。受上述道德推理方式特点的影响，不仅诸如康德所说的基于"人类良心"之类的道德原则和道德律令因为缺乏明显或可直接体认的基于道德主体个人的理由，亦即因缺乏与上述公平观念和价值观念的直接对接关系而显得虚无缥缈、苍白无力，即使是诸如"最大多数人的最大幸福"之类更具现实功利色彩的道德原则和道德律令，似乎也稍显遥远，缺乏现实道德说服力和约束力。在此情况之下，现实的公民道德建设谋划要想富有实效，就必须寻找到一个对绝大多数公民来说具有主体必然性和合理性根据的、能够与上述现代公平观念和价值观念相对接的道德原则，作为规范和鞭策人们的行为走向道德之善的基本道德律令，"责任律令"亦即"尽己之责"便是这样的道德原则。因为道德责任是实实在在的，是由主体的角色身份、由主体自身的权利和能力所决定的"分内应做之事或为没有做到分内应做之事所应承当的道德过失"，每个道德主体都是在一定社会关系中担当一定身份角色、具有一定权能和利益需要的人，每个道德主体都有其不可推卸的责任。以"尽己之责"作为每个公民应当遵从的普遍道德律令，便既具有普遍、充足且容易为作为道德主体的个人所体认的基于个人自身的理由，也实现了与"权利与义务对等交换"的现代公平观念和"合理利己主义"价值观念的理论对接。道德责任教育则正是为促成公民自觉践履"责任律令"所必不可少的环节。可以说，学校加强对学生的道德责任教育既刻不容缓，又任重道远。

从现实的角度而言，道德责任教育越来越多地得到了来自社会的支持。如在美国，学校道德责任教育正在得到越来越广泛的支持。其一，政府确认了价值教育在与毒品和犯罪做斗争的关键地位，规定学校对学生进行好公民、守法公民的准则教育。其二，来自商业领域的，普遍要求雇员有责任心、诚实、可信赖、与别人合作的美德。还有来自锐意改革的社会机构的支持，如社会责任教育协会，以及来自社会团体的支持。美国犹太协会于 1988 发出了道德警告，并敦促学校教授"公民美德"，如"诚实、礼貌、责任、宽容、忠诚"等。或许对学校价值教育最重要的支持还是来自父母的呼吁，身处一个培养好孩子越来越难的社会中，他们正在迫切地寻求帮助。十多年来，每次盖洛普调查在问及父母学校是否应该教授价值时，得到的异口同声的回答都是：毫无疑问。调查结果显示，84% 的有学龄子女的父母说，他们希望学校进行"关于道德准则和道德行为的教育"。

就我国目前的情况而言，道德责任已经成为各个社会领域的共同呼声。建设"责任政府"已经提上重要议事日程，企业已经超越了追逐利润的传统目标，"社会责任标准"已经成为衡量企业发展的重要指标。我国于 2001 年 10 月 24 日颁发的《公民道德建设实施纲要》在其"指导思想和方针原则"中明确提出："坚持尊重个人合法权益与承担社会责任相统一。……引导每个公民自觉履行宪法和法律规定的各项义务，积极承担自己应尽的社会责任。"教育部继而于 2004 年 3 月 17 日下发了《关于进一步加强中小学诚信教育的通知》，通知指出诚信是"立身之本、做人之道，必须从小培养，贯穿于教育的全过程"。诚信教育的一个重要内容就是责任心的培养。学校道德责任教育的必要性无论如何强调都不为过，但关键是如何把这种对重要性的认识转化为富有实效的实践。在考察学校道德责任教育的理念与实践策略之前，简要回顾在这方面已经做出的一些努力和尝试，既可以发现问题，又可以提炼一些有益的借鉴。

第二节　有关道德责任教育的几种主要模式及其启示

整体看来，目前关于道德责任教育的实践性探讨，出现了三种主要模式：传统的认知道德教育模式；激进主义道德教育模式；20 世纪

90 年代以来的品格教育模式。这三种模式的理论探讨及其实践探索，反映了人们在学校道德责任教育这一现实问题上理论理性与实践理性的双重努力，它们也大致反映了道德责任教育历史发展的脉络。对其加以客观的分析、阐释，无疑对我们思考学校道德责任教育的实践策略具有重要的反思与借鉴意义。

一 传统道德教育模式之于道德责任教育的启示

在西方，传统道德教育模式可谓源远流长，亘古绵延，至今仍余绪未绝；在不同的历史时期，人们出于不同的目的，对传统道德教育模式加以历史改造与时代转换，从而不断使其呈现出新的价值。西方传统道德教育模式的源头可追溯到古希腊罗马时期，到了中世纪，传统道德教育模式发展到了一种极端的形态；文艺复兴运动之后，传统道德教育模式受到了全面反思与检讨，但从未彻底退出教育发展的历史舞台。到了 19 世纪，赫尔巴特和涂尔干试图挖掘传统道德教育模式的时代价值与实践意义，将公民的教育、规范的教育、纪律的教育加入传统道德教育的理念与实践体系之中，从而使传统道德教育的生命力得以承续。可以说，传统道德教育模式虽历经欧洲文艺复兴的冲击和 19 世纪末 20 世纪初进步主义教育的激荡，但它并未绝迹，而是通过不断转换，构成了当今学校道德教育中的一股重要努力。20 世纪二三十年代在美国勃兴的品格教育即是传统道德教育复兴的一种主要表现。

这种传统道德教育模式的思想基础，在亚里士多德的美德理论中得到了最充分的体现。亚氏强调道德教育的社会作用，主张通过教育和训练培养学生的社会美德，试图通过各种方式把美德"教"给学生。这就奠定了传统道德教育模式以传授美德为核心的路线。在传统道德教育模式那里，道德完全是一个具有约束力的规范体系，学校道德教育作为传递社会道德的工具和维护现有文化秩序的手段，其主要职能在于，把一定社会认可的道德信仰体系传授甚至灌输给年轻一代，使之系统地社会化，培养被社会认可的"品格"，以满足整个社会总体上对青年一代的要求。传统道德教育模式的目的在于培养"听话"的学生，使学生服从和接受某种特定的、固定不变的道德准则和规范，并塑造与该规范相一致的道德行为习惯；内容是为人们一致认可的相对具体、固定的道德概念、道德准则、道德律令；所推崇的方法主要是说服、规劝、问答式教学、奖励和惩罚、榜样等灌输式的非理性或反理性方法。

传统道德教育模式是以社会中心、教师中心和直接传授特定的内容为旨趣的；在性质上是灌输的、封闭的、强制的。它虽然也强调培养具有某种美德的人，实际上却只是循规蹈矩、被动服从的"他律"的人；它虽然也强调理智在道德教育和个体道德发展中的作用，但这种理智只意味着学生对具体道德知识的汲取和记忆，而排除了个体在做出道德决定和判断时审慎的、理智的思考；它虽然也强调个体对社会的责任，但却反对个体在道德教育和自我道德发展中的任何真正意义上的自由选择。在这里，教师代表了社会的权威，主宰了学生的一切行为，教师与学生是管理者与被管理者、规约与服从的关系。这种道德教育虽然在管理学生的行为，使学生简单地服从某种社会权威方面有一定作用，但它却不能在儿童心目中确立某种坚定的道德信仰，更不能发展起实际的道德选择能力和为自己的选择"负责"的态度。因而，就对学生道德责任意识以能力的发展而言，传统道德教育模式效率低下，学生缺乏对道德的自主选择与价值体认，所践行的只是外在的迫不得已的道德规范，因而不可能对自己的道德行为真正"负责"，"责任"的基础被抽掉了。也正是由于这一点，传统道德教育模式不断招致人们的反思与批判，从而催生了不同于传统道德教育模式的各种现代道德教育模式，激进主义道德教育模式就是其中的典型代表。

二　激进主义道德教育模式之于道德责任教育的启示

激进主义道德教育模式是以反传统的面目出现的，它与传统道德教育模式尖锐对立。在批判传统道德教育无视学生的自由一味进行灌输的基础上，这种模式对个体道德发展和道德教育中的自由与责任，预设了一种激进的形式——强调学生的自由选择在个人价值与道德生活过程中的作用，主张从根本上改革传统的道德教育。产生于20世纪60年代的价值澄清模式，可视为现代西方激进主义道德教育理论的典型代表，它对美国乃至西方学校道德教育的实践产生了重要影响。

价值澄清模式理论受存在主义伦理学和杜威的经验主义价值论的影响，尊奉个人主义的价值观。认为，事实上，根本不存在一成不变的价值和道德标准，价值观是个人的事情，只能通过个人的自由选择方能获得、形成、发展；任何价值都是相对的、个人的，不存在一套可以强加给学生的道德真理；只有经过个人自由选择得来的价值，才是真正的价值，才能变成个人的内在信念并使自身为之负责；任何试图把一系列固定的美德或价值准则传授给学生的道德教学和教育都是不可能的；真正的道德教育应该以加深学生对各种道德准则的理解，并在此基础上发展各种道德推理和选择的能力为目的；每个人都有权利、有能力决定和选择自己的道德计划和道德生活，根据自己的意愿选择行为的标准并依此行事；教育的作用就是要尊重学生固有的自由选择的权利，并进一步发展这种能力；为此，教育应为学生创造一种自由宽松的道德氛围，采用各种价值澄清方法，帮助学生选择并形成自己的价值；教师在价值澄清过程中应保持中立，不能把自己的价值观作为唯一可接受的价值观灌输给学生，而应该尊重学生的价值观点；教师的作用主要是帮助或鼓励儿童自己选择，澄清自己的价值和行为，并根据自己的选择来行动，最终形成独特的生活方式。

价值澄清模式理论反映了激进主义道德教育理论的核心思想：积极帮助学生通过批判性思考来发现、选择正确的价值，鼓励他们为追求合理的价值利用他们固有的能力。这种理论的基础与最终目的都是学生的自由。在道德教育的基本意旨上，是以个人中心、学生中心和道德思维的形式训练为特点的；在教育性质上是反灌输的、开放的、自我省思性的；它的主要目的不是直接传授特定的道德内容，培养顺从、听话的规矩人，而是教给学生道德推理的技能和方法，发展道德推理的能力；它反对使用任何强制的、反理性的方法，主张通过儿童的自主选择和反省探究确立自己的价值观念。因此，它是以自律和自决为定向的。

激进主义道德教育模式理论强调个体所固有的内在素质和主体权利，重视儿童的自由选择，把主体性作为道德教育的重要前提，反对直接的道德教学，这都反映了它对主体自由理性的尊重。但这种理论是以一种极端的形式出现的，它认为，任何旨在教育儿童为善的努力，包括道德教学在内，都只会阻碍儿童的自由发展。促进道德发展的最可靠的方法是允许儿童自己自由选择、自由行事，因此，这种理论具有强烈的自由主义倾向。从一定意义上讲，它不过是对传统教育的一种过激反应。[1] 激进主义道德教育理论极易导致个体心理上的利己主义和道德上的相对主义，就道德责任的形成而言，它也只能导致儿童的行为放肆和对自身选择与行为的"不负责任"，放任主义、极端个人主义、价值虚无主义是其必然的逻辑结果。如果说传统道德教育理论在实践中是注定要失败的话，那么激进主义道德教育理论在实践中也是难以成功的。实践证明，"在我们这个多元社会中，尽管这种古老的直接灌输的方法是无效的，但是，任何道德上的放任的企图也并未取得更好的结果"。只有把二者有效地结合起来，才能创建一种理想的道德教育模式，才能使儿童学会对自身的选择与行为负责，进而达到理想的教育目的。正是基于此，各种折中主义的道德教育理论、路线、模式应运而生，它们试图在反对单纯的传统主义模式与纯粹的激进主义模式的基础上，寻求某种更符合不断变化和发展的社会

---

① 戚万学：《冲突与整合——20 世纪西方道德教育理论》，山东教育出版社 1995 年版，第 29 页。

之于儿童道德发展的新模式、新路线，使道德权威与道德自主得以有机地统一起来。品格教育模式即是这一道德教育趋向的代表。

三　品格教育模式之于道德责任教育的启迪

这里的品格教育模式是指美国自 20 世纪 90 年代以来兴起的一种道德教育模式。里可纳（Thomas Lickona）于 1991 年发表了《品格教育：我们的学校怎样教授尊重和责任》，该书被视为品格教育模式理论的代表之作。

20 世纪 90 年代的品格教育复兴，是出于对 20 世纪六七十年代的道德教育的反动。如前所述，以价值澄清学派为代表的道德教育，是一种个人主义价值观的教育路线。它在学校教育实践中非但没有达到培育儿童的道德理性和优良道德行为的目的，反而导致了更深的道德危机：儿童的个人责任感和社会责任感普遍受到削弱。鉴于此，品格教育模式极力要求恢复传统价值观教育，试图通过把社会道德内化为个体的品德如尊重、责任等，以平衡自由和责任的关系，遏制个人主义、自由主义、放任主义的恶性膨胀。其倡导者认为，品格教育既能维持社会正常的道德秩序，又能在实现这种秩序过程中达致个体在道德上的自主。品格教育仍然坚持传授各种普遍的道德价值观念，却反对传统的道德灌输，认为道德价值观只有在自由自主的情况下，才是有效的、有意义的。所以，品格教育主张给学生创造各种机会，让他们发展道德推理、道德反省、道德评价、解决道德冲突的能力，如通过讨论道德两难问题，开展丰富多彩的道德实践活动等来实现个体品格的完善与发展。品格教育模式理论认为，品格的培养不仅是学校的责任，而且是全社会的责任。学校是最主要的品格教育机构，教师是品格教育的骨干力量。品格教育仍然强调教师的权威和榜样作用，但也强调学生的主动参与和思考。教师与学生应该合作，教师要在发挥学生的主体性的基础上起主导作用。这种民主的道德氛围有利于促进学生的道德发展。品格教育的方法多种多样，如实施道德纪律、劝诚、解释、营造道德氛围、指导道德评价、提供学校和社区活动机会等。

　　美国 20 世纪二三十年代的品格教育也重视个人责任和社会责任的培养，但却收效甚微，根本原因是否定了学生负责的前提——自由。而 20 世纪 90 年代以来的品格教育，实际上是传统道德教育在新的社会条件下的发展，仍有社会中心、教师中心、直接传授特定内容的传统特点，不过在思想观点上表现出一种浓郁的折中主义倾向。在个人与社会的关系上，品格教育认为："现代社会面临的挑战是建构一种新的平衡，重新使个人与社会联成一体，恢复责任感，从社会价值和目标的角度进行道德选择。"① 它主张个人自由的发展、个性的完善与道德的社会化发展水平的统一。反映在道德教育过程中，就是强调道德教育的社会化功能和个人品格培养功能的统一；道德教育内容的传授和道德推理能力的培养的统一；道德教育方法上的个体自主与外在控制的统一；教师权威作用与学生主动参与的统一。这样，对儿童的道德责任意识的形成与行为能力的发展而言，品格教育模式能够确保儿童在服从社会道德权威中形成某种"社会责任"，在发展自身的道德选择与自主行为的过程中形成某种"自我责任"，而无论个体的社会道德意识与行为还是自我的道德价值与道德生活，责任都是贯穿其中的一个"纽结"或一个要素，责任教育成为道德教育乃至整个学校教育不可缺少的内容与环节。或许正是因为这一点，品格教育在美国获得了强劲的发展并不断对其他国家的道德教育计划产生着影响。

　　总之，历史上的道德教育模式都没有忽视对人的责任的培育，只是采取的路线、策略、方法不同而已。传统道德教育模式以专制主义取代学生的自由，使教育变成了单纯的规训，责任变成了单纯的服

---

① Ryan Kevin and Lickona Thomas, *Character Development: The Challenge And The Model*. In *Character Development in Schools and Beyond*. New York: Praeger Publishers, 1987, p. 19.

从；激进主义则把学生的自由演变为放任主义，它在强调儿童理性自由的同时使得这种自由蜕变为行为的放肆与不负责任。历史和实践都证明，这两种道德教育教育模式都没有取得预期的效果，也不能真正使学生学会负责。以品格教育为代表的折中派，试图通过务实的道德教育路线与策略来培育儿童的责任意识与责任行为，获得了出其不意的效果，成为当代道德教育理论的一个令人关注的模式，它对我们建构道德责任教育的策略，实施学校道德责任教育亦具有重要的理论启示作用。

然而，就我们的研究而言，要确立一种有效的道德责任教育模式，还必须首先明确道德责任教育的理念与概念，只有在确定道德责任教育的内涵及其与学校道德教育的内在关系的基础上，才能规划学校道德责任教育的实践策略，才能使这种勾划具备必要的理论基础，从而使所预设的策略具备某种逻辑力量与实践的可行性。

第三节 学校道德责任教育的一般理念

无论是对道德责任行为的实现条件的分析，还是对既有的各种道德教育模式的总结，都要求我们重视学生的自由，发挥他们在自身道德发展中的主体性作用。有效的道德责任教育模式应该以尊重学生的自由为核心，坚持主体性道德教育的目的观、功能观、内容观、教师观、学生观，并采用相应的方法体系。只有这样，才能培养真正有道德的、能够并且会负责的道德行为主体。

一 引导学生学会负责是学校道德责任教育的目的

学校道德责任教育的根本使命，一言以蔽之，就在于培养责任者，教学生学会负责。对于"学会负责"的界定，学界涉足者甚少，缺乏系统而有深度的研究成果。目前学界比较认同的是胡卫的界定。

他提出，"所谓'学会负责'，就是个体在作出满足自己需要和愿望的个人决定时，对自己、对他人、对社会，以至对影响人类生存的生态环境等有全盘考虑并承担起应有责任"①。"学会"，是指主动积极地去获得；"负责"，是指经过独立思考、独立判断后，对自己作出的选择履行承诺和义务，负责的范围包括自己、家庭、朋友、他人、团体、国家、全球和生态利益，等等。"学会负责"，就是要求每个个体在理解一定条件下自身角色和社会要求的基础上，把握自身行为及其结果，使之符合社会要求的观念、情感和意愿。我们做一件事的方式、达到一个目的的手段不能全无限制，而要有所限制，我们总要有所不为有所不为，而不能为所欲为。

学会负责，作为道德教育的目的，具有深刻的伦理意蕴。其一，这一界定较好地把握了人的需要及满足方式的一致性。人的社会性，决定了人的需要必须是正当的，即必须满足伦理规定。这就决定了人的需要的满足必须合乎社会的道德准则，还必须关注满足需要的方式。这就是人之需要的"双重关注"，即不仅意识到需要满足的价值，而且尤其意识到满足需要之行动的价值；不仅体验需要满足的愉悦，而且尤其体验满足需要之行动的愉悦。只有实现和满足需要之行动本身是道德的，才会真正获得正当需要的满足。其二，这一界定准确概括了当今社会人之责任的主要内涵，把责任范围从横向上由以往的人与社会拓展到人与社会和人与自然；从纵向上由过去和现在拓展到未来，反映出"全球化"背景下的生态价值观。迄今学界对当今社会成员应负责任之基本内涵的认识是一致的，即包括对自己、对家庭、对他人、对集体、对国家、对人类社会和对生态环境的责任。而可持续发展理念的提出，更表明了人类进入了一个新的负责任时代。在这个时代，人类从地球生态系统的整体性考虑，将从根本上走出以自己为中心的误区，进入

①　胡卫：《学会负责——为21世纪中国基础教育中的人道、伦理/道德、文化价值教育选择目标》，《教育研究》1994年第2期。

人与自然相互依存、和睦共处的生态平衡新境地。

学会负责，还标志着道德教育观念上的一个重要变化。道德教育目标从"教会顺从""教会听话"，到"教会选择""教会负责"的转变，意味着对学生在道德教育和自身道德发展中的主体地位的肯定。尊重学生的主体性是一切道德教育取得实效的根本保障。这意味着学生不是"知识的容器""道德的容器"，而是具有独立人格、自主意志与选择能力的主体，他们不仅是既定道德价值和道德规范的无条件的认同者和遵从者，而且是有理性的道德价值和道德规范的理解者和创造者。它鼓励学生接受理性的自我指导与自我决定，帮助学生通过自己的实践和理性思考作出自己的判断和决策，并为自己选择的后果负责。道德人格的挺立和道德责任的培养，是一个主体积极自为的过程，是一个借助自己的智慧努力探索、不断建构，从而达到自主、自觉的过程，没有学生主体的自觉自愿的参与，就不可能有真正的道德发展。道德教育的过程只能是一个价值引导和自主建构相统一的过程。在精心创设的教育情境中，遵循理性精神的原则，珍视学生理智的好奇心与求知欲，培养学生对各种社会价值的分析、比较、鉴别、批判性思考的能力，使他们自主地、合理地选择个人所应确立或改变的道德取向，以及所应遵从或拒斥的道德规范，形成真正符合时代要求的道德品质。

二 尊重学生的自由是有效的学校道德责任教育的基础和前提

道德责任教育要想培养真正的责任者，就必须以自由为基础和基础，只有在自由中才能培养自由的责任者。自由是有效的道德责任教育的基础和前提，主要基于如下考虑。

道德教育要以自由为基础，是符合儿童道德责任发展机制与发展规律的必然要求。在第四章对"道德责任之可能的哲学论证"中，我们已经明确提出，人是有自由意志的，自由是人的生命的内在要求，人的发展必须是自由的发展。自由意志使得道德责任成为可能。自然，旨在教学生学会负责的道德责任教育，也必须以尊重学生的自由存在为前提和基础。当前道德教育的问题所在恰恰是对人的自由发展的强制。这种强制表现为各种道德教育影响对学生思想和个性的强制、教师对学生的强制。教育史上的每次改革，都是针对不同意义上的强制的发展论。文艺复兴时期的人文主义教育家反对宗教、神学对人的强制，卢梭的自然主义教育反对社会对人的强制，杜威及其进步主义教育反对教师对儿童发展的强制，苏联的合作教育学反对教师的权力主义和强迫命令。长期以来，人们习惯于把教师作为教育主体，将教育过程视为教育者"塑造"受教育者的过程；教育活动是社会意志和要求的体现，是教育者的支配活动和权力。巴西教育家保罗·弗莱雷（P. Freire）的著作《被压迫者教育学》对此作了精彩的描述：（1）教师教，学生被教；（2）教师无所不知，学生一无所知；（3）教师思考，学生被思考；（4）教师讲，学生听——温顺地听；（5）教师制定纪律，学生遵守纪律；（6）教师作出选择并将选择强加于学生，学生唯命是从；（7）教师做出行动，学生则幻想通过教师的行动而行动；（8）教师选择学习内容，学生（没有人征求其意见）适应学习内容；（9）教师把自己作为知识权威和专业权威，与学生自有相对立；（10）教师是教育过程的主体，学生只纯粹是客体。[①] 所以，以教师为中心的压迫教育、灌输教育，无视学生的存在，成为教师对学生的一种操纵和控制，它"通过对生命体的完全、绝对的控制，丧失了一个基本品质——自由"[②]。这种状况在道德教育中尤其突出。可以说，传统的道德教育一直没有认识到自由的人的人本地位和价值，所以无论是教育体现的社会意志，还是教育过程的精致化、设计化，教师的代言人身份以及所体现出来的教师中心主义，都

---

　　① ［巴西］罗·弗莱雷：《被压迫者教育学》，顾建新等译，华东师范大学出版社2001年版，第25—26页。

　　② ［巴西］罗·弗莱雷：《被压迫者教育学》，顾建新等译，华东师范大学出版社2001年版，第14页。

在自觉不自觉地扼杀儿童的自由。因此，今天重提"教育自由"，就是把自由还给儿童，使教育回归儿童的自由天性。教育自由，不是教育过程中儿童的一种单纯的天赋的自然权利，而是一个人走向可能生活的过程中必须履行的义务，也就是人之为人的责任。"每一个人按照自己的方式来处理一生的事业的自由，并且充分地利用这种自由，是自然所承认、理智所许可的普遍的理想……说实在话，这样的自由，如果说不是一切崇高美德的源泉，就是一切崇高美德的条件。离开了自由，义务没有意义，自我牺牲没有价值，权利没有制裁作用。"[①] 传统道德教育中的专制和权威模式因其偏执于道德的外烁立场，压制了学生主体性的自由发挥，未能也不可能建构真正意义上的完善品格。而西方社会曾流行的"价值中立"的放任抉择，也由于未能充分观照社会因素对个体价值形成的影响，过分夸大学生的自主意识，把自由作了极端化理解，其结果必然导致道德上的相对主义和虚无主义。所以，在指导学生的道德发展时，专制的和权威的模式、放任的模式都是行不通的。

那么学校道德责任教育中的自由具有何种规定性呢？人是自由的，人的自由在实践活动中体现，表现为人与外部世界中的主体自由、人与人之间、与社会之间的社会自由，以及与自身发展之间的个性自由。教育也是一种实践，是教育者和受教育者共同参与的一种特殊的实践活动，它应该也体现出参与主体的自由。学生作为教育活动与学习活动的主体，也必须具有基本的自由。学生在教育活动中的自由是他作为人的自由在教育活动中的体现。学生在教育活动中的自由大致包括三个方面：学生与教育影响（教育内容、教师的影响）之间的主体自由、教育关系（学生与学生的关系、学生与教师的关系）中的社会自由、学生与自己身心发展的个性自由（或精神自由）。我们

---

① ［英］沛西·能：《教育原理》，王承绪、赵瑞英译，人民教育出版社 1992 年版，第 12 页。

认为，要真正把自由当作道德责任教育的基础，就意味着必须树立学生的主体地位，注重其主体性的发挥。"所谓教育，不过是人对人的主体间灵肉交流活动（尤其是老一代对年轻一代），包括知识内容的传授、生命内涵的领悟、意志行为的规范，并通过文化传递功能，将文化遗产教给年轻一代，使他们自由地生成，并启迪其自由天性。"①缺乏自由的担保，任何教育的预期都难以真正实现。

就师生关系而言，教师应以民主的姿态、对话协商的方式来引导学生进行道德经验的建构，既要尊重学生的兴趣和经验，调动其进行道德思考、道德选择的积极性，又要给予一定的指导和协调，防止其放任自流。人生活在社会中，与其他人共同生活，因此，个人就不能是仅凭自己的意志自由行动。社会自由指向人与人之间的关系，这种关系是一种平等关系。一方对另一方的任何强制和奴役，都谈不上社会自由。在道德责任教育活动中，教师是道德教育的具体实施者。在传统的道德教育中，教师被赋予一种至尊的地位，是社会意志的代言人，永远正确的价值法官。使学生有效地行使社会自由，必须使他们从教师的规训中解放出来。"规训教育"的主要功能是训练，而不是教化，它把学生作为一种必须制服、要监视、要支配的对象，教师通过权力意志不断地进行操纵，完全无视学生自主性的价值。教师的权威通常表现在两个方面：一个是知识霸权，使教学过程中教师传授的知识和规范成为圣经，不容学生提出质疑，更不容许批判。二是借助制度所赋予的权力，任意地对学生实施惩罚或奖赏，使儿童处于屈从与谦卑的状态。所以，规训的教育中的师生关系是一种控制与被控制、压迫与被压迫的关系。在这种情况下，学生完全成为教师意志的工具，成为教师权力的牺牲品，学生的言行举止都要迎合教师的需要。学生的责任是对教师的责任，而非对自身行为的责任。

---

① ［德］雅斯贝尔斯：《什么是教育》，邹进译，生活·读书·新知三联书店1991年版，第3页。

在教师与学生的自由的关系上，主要应处理好教师的权威与学生自由的关系。迪尔凯姆就指出，权威和自由"非但不互相排斥，而且相互联系。自由是恰当地加以理解的权威的女儿。因为，所谓不受束缚，这并不是意味着做他喜欢做的事，而是自制，以及善于理智地行动和履行义务。教师的权威就应该使儿童有这种自制"①。犹太神学家、哲学家、存在主义者马丁·布贝尔（Martin Buber）认为人与人之间应该是一种相互的"对话""我和你"的关系，而不是彼此把对方看作一件东西那样"我和它"的关系；而教育的关系就是"一种纯粹的（师生之间）对话的关系"，要求一个人应当在行动和态度上乐于"承担责任"，在师生之间必须建立一种"信任感"。布贝尔主张教育必须通过这种师生关系，才能帮助学生按照个人的意志自由选择道路。主动的责任感比基于考查评估而产生的对某一件事要负责的态度更为宽广、深刻和复杂。这种主动的责任感要求一个人在人际关系交往过程中投入更多的承诺。在主体性道德教育中，教师成为学生道德发展的促进者，教师与学生之间不是一种法律关系，而是一种道德关系；不是压制与被压制的关系，而是交往与对话的关系。双方平等，互相尊重对方的人格、尊严，都有思想与行为上的自由。强调学生的自由并不意味着教师可以放任学生，而是对教师提出了更高的要求，更加强调教师的主导地位。他应该对学生的道德发展特点和规律以及道德教育有更深刻的认识，为学生创设和提供更好的道德发展契机，教学生学会选择、学会负责。

英国教育哲学家沛西·能曾深刻地指出："我们将始终站在这样的立场，人类社会除了在一个个男男女女的自由活动之中，并通过这些自由活动以外，再没有其他什么善了，教育实践必须按照这个真理来计划。这个观点并不否认或低估一个人对他的同胞的责任；因为个人的生命只能按自己的本性去发展，而它的本性既真是社会性的，又

---

① 张人杰主编：《国外教育社会学基本文选》，华东师范大学出版社 1989 年版，第 23 页。

真是'自尊'性的。这个观点也不否认传统和纪律的价值，或排除宗教的影响。"① 教育的存在，是为了促进而不是压制人的发展和完善。尊重个体的独特性、自主性，尊重并激励个体生命中的理性自觉。道德教化的指向"似乎比任何时候都更在于保证人人享有他们为充分发挥自己的才能和尽可能牢牢掌握自己的命运而需要的思想、判断、感情和想象力方面的自由"。② 教育不仅有助于人的解放，其本身就是使人从愚昧、盲动、物欲、无知中获得解放的过程。"教育能够是，而且必然是一种解放。"③ 正是在此意义上，道德责任教育就是自由的教育，通过自由、在自由中、为了自由的教育；缺乏自由担保的任何教育都是不可能使学生学会负责的教育，也是缺乏责任的教育。

三　培养学生的道德选择能力是学校道德责任教育的重点

自由作为学校道德责任教育的前提和基础，具体到教育实践中，就是学生的道德选择的问题。"在处理现实的人与人、人与社会、人与自然等利益关系时，最紧要的是自由和责任的关系与冲突。就道德教育而言，究竟是给个人更多道德选择的自由，还是让个人承担更多道德的责任，历来是纷争无终的主题。"④ 解决这一问题的关键在于道德选择的自由与道德责任的承担并非是对立的，而是统一的。只有具备充分的自由选择的机会和权利，才能真正承担道德责任；而真正的道德责任，也必须是以自由选择为前提的。

亚里士多德认为："不崇尚美好行为的人，不能称为善良，不喜欢公正行为的人，不能称为公正，不进行自由活动的人，不能称

---

① ［英］沛西·能：《教育原理》，王承绪、赵瑞英译，人民教育出版社 1992 年版，第 7—8 页。

② 国际 21 世纪教育委员会：《教育——财富蕴藏其中》，联合国教科文组织总部中文科译，教育科学出版社 1996 年版，第 85 页。

③ 联合国教科文组织国际教育发展委员会：《学会生存——教育世界的今天和明天》，教育科学出版社 1996 年版，第 175—176 页。

④ 戚万学：《20 世纪西方道德教育主题的嬗变》，《教育研究》2003 年第 5 期。

为自由。"① 自由并非是虚幻的，而是实实在在的自由活动、自由选择。西蒙娜·薇依也形象地描述："人类灵魂不可缺少的一种营养，就是自由。具体而言，自由在于选择的可能性。当然，必须是实在的可能性。在有公共生活的地方，出于对共同利益的考虑，到处都免不了有规则，限制着选择。但自由的大小并不取决于限制的宽窄。……有着善良意愿的人们的自由，尽管在一些事实的层面上受到限制，在意识层面中却是完整的。因为这些规则已经融入他们的生命，被禁止的可能性并未进入他们的思想，也就不会遭到拒斥。"② 自由，落实在道德责任教育中，就是学生的道德选择。学生的生命的发展、自我价值的实现只能由自己来完成，而不可能由教师来代替完成。所以，教育活动根本上说不是教师教学生的活动，而是学生的一种自我建构的实践活动。这种自我建构是通过选择实现的。所以，"最美好的教育道路，是在仔细地选择的范围，尽可能提供个人自由的余地的道路"③。由此可以推理，道德自由就是主体基于对道德境况的自觉认知，以及在此基础上主体的自愿选择、自我控制、主动践履的道德行为能力。

选择"显然是德性所固有的最大特点，它比行为更能判断一个人的品格"④。道德选择实际是一种价值选择，是人的一种自由自觉的活动。道德的领域原本便是一个人自由自觉活动的领域，道德规律的实现及对人与社会发生作用无不是通过人的道德选择实现的，人类道德的一切内容无不具有选择的意义。凡承认选择自由的理论也都承认人

---

① ［古希腊］亚里士多德：《尼各马科伦理学》，苗力田译，中国社会科学出版社 1990年版，第 15 页。

② ［法］西蒙娜·薇依：《扎根：人类责任宣言绪论》，徐卫翔译，生活·读书·新知三联书店 2003 年版，第 9—10 页。

③ ［英］沛西·能：《教育原理》，王承绪、赵瑞英译，人民教育出版社 1992 年版，第 103 页。

④ ［古希腊］亚里士多德：《尼各马科伦理学》，苗力田译，中国社会科学出版社 1990年版，第 46 页。

应该为这种选择负责。因为人既然面对着一种以上的道德可能性，人既然可以在几种可能性中进行思考、权衡、取舍，那么他的这种选择就是他自己的，就证明他是同意所选择的可能性的，他也就必然要为选择所造成的后果负责。责任是选择的属性，选择是承担责任的前提，只有自由才能进行真正意义上的道德选择，才能使选择者负有责任，也只有责任才能说明选择者是自由的。"如果没有道德责任作为抵押，道德选择就谈不上取舍与追求，也谈不上意志自由的价值。没有责任，就意味着选择是任性的、随便的，这种选择本身就丧失了道德意义，丧失了道德价值。"①马克思认为自由是"合乎理性的本质"，所以，自由选择和理性确认是一回事，因为"以理性为尺度，同以自由为尺度是一回事"②。

学校道德责任教育以道德自由为前提，以道德责任为归宿，而连接起点与终点的正是道德选择。教育活动中的主体自由就是理性的选择自由。这就决定了道德责任教育必须是民主的教育、自律的教育。"民主教育必须使公民具有从事社会经济活动的坚实基础，而且必须加强他们的判断力。民主教育必须在个人关心的和努力的各个方面——政治、公共事务、工会活动、社会与文化生活等方面——使每一个人勇于负责和积极行动，并帮助他们保持自己的自由意志，做出可靠的个人选择。"③在教育过程中，"即使学习者对教材和方法必须承担某些教育学上的和社会文化上的义务，这种教材和方法仍应更多地根据自由选择、学习者的心理倾向和他的内在动力来确定"④。因此，教育自由意味着任何时候都不能强迫学生，意味着给学生创造更

---

① 夏伟东：《道德的历史与现实》，教育科学出版社 2000 年版，第 190—191 页。

② 陈先达：《走向历史的深处——马克思历史观研究·陈先达文集》（第一卷），中国人民大学出版社 2006 年版，第 48 页。

③ 联合国教科文组织国际教育发展委员会：《学会生存——教育世界的今天和明天》，教育科学出版社 1996 年版，第 135 页。

④ 联合国教科文组织国际教育发展委员会：《学会生存——教育世界的今天和明天》，教育科学出版社 1992 年版，第 263 页。

多的机会，引导他们自我选择，为他们自我发展和自我创造寻找适合他们自己的道路。选择总是我们力所能及的事情。"教师的职责现在已经越来越少地传递知识，而越来越多地激励思考。……他必须集中更多的时间和精力去从事那些有效果的和有创造性的活动：相互影响、讨论、激励、了解、鼓舞。"① 教师不再是凌驾于学生之上、操控整个教育进程的统治者，课堂不再是一言堂，学生才是教育活动的真正目的指向，"应当使学习者成为教育活动的中心"②。

　　道德选择能力的培养，不仅要关注学生对可能的选择的甄别能力，还要培养他们对自己的选择的可能的后果的预见能力。杜威认为，真正的道德行为是建立在反思和意愿基础上的好习惯，这些习惯大致可以分为三类，第一类是思维开放，第二类是诚实，第三类就是责任。然而，责任是什么呢？实际上它可以包含两种意思："有时责任意味着值得信赖和即时回应；其他时候责任意味着竭尽全力地克服困难，意味着愿意接受我们的行为的后果，意味着不放弃或不退缩地完成我们担负的任务。……责任意味着完成一个结果可以预料的行为的过程，无论这些结果是有利的还是相反，快乐的还是痛苦的。因为对可能的后果的预料是一种智力活动，责任与知识有关；因为责任就是接受一项任务并将之进行到底，它也是关乎道德的。"③ 比如，小孩是不知道责任为何物的，我们也不期望他能承担责任。但随着年龄的增长，他学会了理解各种价值的内涵，预测他的行为的后果，最后他学会了准确预料可能的后果，并努力完成手头的工作。如果他因为被欺骗或蒙蔽预测出现失误，那么他就无责任可言了，所谓不知者不

---

　　① 联合国教科文组织国际教育发展委员会：《学会生存——教育世界的今天和明天》，教育科学出版社 1999 年版，第 108 页。

　　② 联合国教科文组织国际教育发展委员会：《学会生存——教育世界的今天和明天》，教育科学出版社 1999 年版，第 262 页。

　　③ Robert W. Clopton and Tsuin-Chin Ou，*Moral Education—the Individual aspect*，*John Dewey*：*Lectures in China*，*1919 - 1920*，An East-West Center Book，Honolulu：The University Press of Hawaii，，1973，pp. 290 - 291.

怪。如果一个人的理智发展处于如此低的程度，以致他无法预见即使是最一般的人类行为的后果，那么，这个人是不大可能做出明智的决策的。因此，教人们考虑各种选择和现实行为过程的可能后果，是道德教育者的一个重要任务。英国的道德教育课程设计学校委员会（Schools Council Project on Moral Education）在它所提出的课程设计中，将这种训练总结为其中的一个正规的组成部分，并指出："如果一个人对待他人时要考虑他人的需要、兴趣和情感，那么，对各种行为的后果做出实际考虑——同时具有预见和设想接着可能或大概会发生什么事的那种倾向和能力——就是必需的。"① 预见行为后果的必要性，促使人们注意实际知识与道德决策发生关联的方式，是好的道德判断的一个先决条件。

四　学校道德责任教育是学校道德教育的应有之义

在明确了学校道德责任教育的内部运行问题之后，我们还需进一步思考道德责任教育与现行的道德教育的关系问题。我们认为，学校道德责任教育并非是简单地将道德教育泛化，或为道德教育规定一种内容，也非哗众取宠式的创新，或企图以一种所谓的新理论完全取代现行的道德教育。道德责任教育的提出，是基于人与社会发展的现实要求以及道德教育自身的改革形势的一种现实的选择。道德责任教育是道德教育的应有之义。关于学校道德责任教育与现行道德教育的关系，主要有以下几种主张。

观点一：重点说。责任属道德的重点范畴，道德责任教育是当前道德教育的一个重点②，学校道德教育应该向责任教育倾斜，强化责任教育是迎接 21 世纪挑战的必需，是世界各国教育改革与发展的大

---

① ［美］霍尔、戴维斯：《道德教育的理论与实践》，陆有铨、魏贤超译，浙江教育出版社 2003 年版，第 128 页。

② 陈君：《责任教育——当前学校德育的一个重点》，《宁波职业技术学院学报》2001 年第 2 期。

趋势，是提高学校德育实效的基础。① 叶澜在分析研究我国当代道德教育内容的基础性构成时，把"责任心"的教育视为学校道德教育不可忽视的重要内容。② 她认为责任感能催生出智慧和能力，任何高超的技术和深奥的知识都不能代替责任感。她纠正了常有的将负责仅看作是对成人和职业人员的道德要求及与家庭、公众活动无关的误解。她所强调的负责，是对每一个人、在人生的每一个阶段都应承担的多重角色的共通性道德要求。

观点二：底线说。有学者提出道德责任是德育的"底线"③，责任感是每个人的"行事"之德、"做人"之德、"成仁"之德、"立身"之德，人如果能够负责，那么人的认识就会符合生活世界，人的行为就会符合事物本性，人的品德就会符合社会规范。所以德育应把培养人的责任感作为"底线"。

观点三：目的说。如胡卫在 1994 年第 2 期《教育研究》上发表了他主持的"中国基础教育中的人道、伦理/道德、文化价值教育"课题研究总报告，提出了学会负责的命题。④ 他的研究表明，我国教育发展中的主要问题之一，就是教育与社会实际相脱离，突出表现在学生缺乏社会责任感，片面强调自我价值，缺乏热爱家乡、建设家乡的感情。文章通过对历史的回顾和对现状的考察，认为学会负责是中西文化的融合点，是传统社会和现代化社会文明的连接点，因而提出了以"学会负责"作为 21 世纪中国基础教育中人道、伦理/道德、文化价值教育的目的的主张。宗秋荣在研究终身学习与家庭教育问题中，通过分析现代社会中我国家庭变化给家庭教育带来的影响，从终身学习的角度思考，提出了我国家庭教育的三个"学会"，即让孩子学会生存、

---

① 乔乃明：《德育：亟待强化责任教育》，《连云港教育学院学报》1997 年第 4 期。
② 叶澜：《试析中国当代道德教育的基础性构成》，《教育研究》2001 年第 9 期。
③ 李建成：《责任感：德育的"底线"》，《江苏教育》2003 年第 11 期。
④ 胡卫：《学会负责——为 21 世纪中国基础教育中的人道、伦理/道德、文化价值教育选择目标》，《教育研究》1994 年第 2 期。

学会创造、学会负责。① 并且指出，之所以强调学会负责，是因为我们孩子责任感的匮竭。还有人发出了"想要成人，先负责任"的呼吁②。1998 年 10 月，联合国教科文组织在巴黎召开了首次世界高等教育大会。大会明确提出，高等教育的首要任务，是培养高素质的毕业生与负责的公民。这就清楚地指明，学校培养的毕业生不仅应是高素质的，而且要首先表现在他作为一个公民时，其言行应该对社会负责。

观点四：深化说。即认为道德责任教育是当代主体性道德教育的深化。长期以来，学校道德教育只被视为社会发展和人的发展中的因变量，学校是社会的驯化场，学校道德教育的主要功能体现在社会功能上，它负责把社会认可的道德信仰体系传授甚至灌输给年轻一代，使之系统社会化，成为听话的社会成员。道德教育成为个人发展的一种异己力量，只会限制学生智慧和理性的发展。随着社会经济、政治、文化的发展以及个体的自由、权利意识的觉醒，当代道德教育功能发生了质与量上的变化。在质上，道德教育从注重对个体的约束转变为促进并实现人的解放，负责开发人的创造性和求善的潜能，发展人的理性，把人从愚昧无知、迷信权威以及一切阻碍人的自由全面发展的观念、体系中解放出来，教会学生自由选择，并为自己的选择自觉承担责任。除了强调道德教育的社会功能和个人功能，还突出了道德教育的生态功能。道德教育要唤起人们的生态伦理良知，促使人们承担起保护生态环境的责任。这种质的变革和量的积累，都表明道德责任教育是当前道德教育的深化。

无论上述论说的侧重点有何不同，它们都肯定了道德责任教育与道德教育的某种内在联系，学校道德教育应该教人学会负责，这已成为人们的一种广泛共识。本书在前面已经论述过道德责任与道德的关系，主张道德责任是道德的核心，道德，在一定意义上就是责任。因

---

① 宗秋荣：《终身学习与家庭教育》，《教育研究》1998 年第 8 期。
② 李航：《想要成人，先负责任》，《中学生时事报》1998 年第 3 期。

为道德本身就是关于协调人与人、人与社会、人与自然的关系的规范的总和，对个人而言，所谓有道德，就意味着对这些规范的自觉体认、自觉内化、自觉践履，就是个体的道德责任。所以道德教育就是道德责任的教育，就是教人负责的教育。

鉴于此，我们有理由认为道德责任教育原本就是道德教育的应有之义，甚至可以成为其核心。在这里，用核心一词，我们想强调的是道德责任作为一种基础性道德品质，能为其他道德品质提供生长点。责任居于普遍的公共道德的核心，对个体和社会都具有重要意义。一个对自己的行为负责任的人，他不仅会关心自己各方面的需要，注重潜能的发展和发挥，争取价值实现的机会；而且这样做也是对他人和社会负责任，他会认真处理人与人的关系，关心整个社会的和谐、稳定与发展，并以自身才智贡献于人类社会，有效地将个人价值实现与社会健康发展有机结合起来。与此同时，其他如诚实、公正、合作等优秀的道德品质都在责任这个基础性的道德品质上生发出来。突出道德责任这一核心，也使得道德责任教育具有更显著的实践特征。

较之道德责任教育与道德教育的联系，我们更加关注的是二者的区别。只有认识到二者的区别，才能真正掌握道德责任教育的要义，避免在实施过程中，以新瓶装旧酒，致使道德责任教育也像其他诸种改革一样，最终不了了之。我们认为，道德责任教育因其更加关注个体的道德生活和道德情境，更加强调道德教育中各种影响因素的统一行动，因此比道德教育更有说服力、更加亲切。道德责任教育无疑点到了道德责任实效低下的一个重要穴位，不失为提高道德教育实效的一种有益尝试。道德教育应该是教育者和学生共同参与的过程。道德责任不仅仅是行为的规范和准则，它就是行为本身。最有说服力的责任教育，就是责任中的教育。因此教师必须时时刻刻关注自己是否履行了自己的责任。杜威讲过："不能有两套伦理原则，一套是为校内生活的，一套是为校外生活的。因为行为是一致的，所以行为的原则是一致的。"① 高德胜套用这两句话来描述现今学校教育的实景："可以有两套伦理原则，一套是为学生的，一套是为教师的。因为行为是不一致的，所以行为的原则也是不一致的。"② 也就是说，教育者在教育过程中将自己超然于道德之外，将自己的伦理原则与受教育者的伦理原则割裂开来，要求学生做到的，自己可以不做，恰如陶行知所说："他们和学生是两个阶级，在两个世界里活着。"③ 但这两个世界并不能真正和平共处，在冲突发生的时候，牺牲的往往是学生的、道德的世界。有学者尖锐地指出："道德教育不够好是因为教育不够道德。"④ 教育"不够道德"主要是教育者对道德的某种违背，具体说来，教育者的"反道德行为"主要有三类：一是倭化，二是体罚和变相体罚，三是腐败。其中，"倭化"是一个社会学术语，社会学家高夫曼（E. Goffman）指出，当我们将自己看作正常人（normals）而把他人看作"不是真正的人"（Not quite human）时，我们就是在倭化他人。倭化他人的好处就是，一旦我们将他人视为另类，我们就可以冠冕堂皇地实施自己的意志，而无视他人的意志。在学校中实施道德责任教育，可以促使教育者在实施教育的同时，加强自我教育、自我反思。这样一种广泛的责任体系，本身就是一种良好的教育影响力量。

此外，道德责任教育可以在一定程度上密切道德的知、情、意、行的同步联系，从而更加有效地促使道德责任由知到行的转化。责任是和主体的现实角色紧密相连的。不可否认，道德责任也包含着基本的认知内容，学生需要对自己的角色进行认知，需要对自己的行为后果进行预测，需要发展道德判断能力。因此，道德责任教育也需要必

---

① ［美］杜威：《学校与社会·明日之学校》，赵祥麟等译，人民教育出版社1994年版，第144页。
② 高德胜：《知性德育及其超越——现代德育困境研究》，教育科学出版社2003年版，第108页。
③ 陶行知：《中国教育改造》，东方出版社1996年版，第67页。
④ 余卫国：《奴才意识》，《南方周末》1999年12月3日。

要的知识教育，但又不能等同于道德知识教育，它的基础是道德知识，它的核心"内化"为主体的道德义务，它的最终表现是主体自觉的道德行为。而且我们认为，责任判断是一种实际判断，标准的公正两难题很难引发这种判断。而在实际的关心两难题中，个体倾向于不假思索地用心理或意愿语言来解释他的责任思想。责任语言处于指令性道德结构和行为本身的说明性语言之间。责任判断是在正义或公正的道义判断与道德行为的情景决定因素之间的一种中介变量或对真实生活做出责任判断的过程，或者说责任判断是正义和公正的道义判断通往道德行为的桥梁道德行为通常发生在社会或团体背景之中，这种背景会深刻影响个人的道德决策。因此在道德责任教育中，我们要更加关注学生现实的道德生活、道德事件，道德责任教育的内容要随着学生社会关系的拓展而逐渐展开，彻底扭转"小学生进行共产主义理想教育、中学生进行社会主义、集体主义教育，大学生进行关于社会公德和公民素养的教育"的倒挂现象。

第四节　对学校道德责任教育实践策略的建议

无论多么美好的道德理念，都只有在转化为实实在在的实践后，才能检验其效用。尽管本书缺乏相关的实践研究的支持，但我们仍然需要对如何加强学校道德责任教育这一现实问题做出我们自己的理解与思考。这里，我们拟选取几种影响较大、较典型的有利于培养学生道德责任意识与行为的方法作为参照，尝试对道德责任教育的实施提出一些建设性建议。

一　创设一种尊重学生自由、鼓励自治和自律的道德教育氛围

关注和尊重自由，是本书一以贯之的观点。自由是责任的基础，是开展道德责任教育的基本前提。学生自由的思想活动和实践活

动，是确保其学会负责的重要的制约因素。要尊重学生的自由，首先要求教师要把学生作为自由的个体而不是被动的教育对象来看待。在这方面，"公正团体法"就是很好的体现。该方法是由道德认知发展教育理论的代表人柯尔伯格（Kohlberg）提出的。公正团体法最显著、最根本的特征是：建立各种管理组织，鼓励学生民主参与，营造一种民主的道德氛围，在民主管理过程中，发展学生的集体或共同的价值意识，把集体力量作为一种教育资源，实现学生自治，并促进学生的道德发展，使其学会对集体、对个体的行为和品德发展负责。

公正团体法是柯尔伯格在重新评价道德讨论法、总结成功的教育经验、吸取他人的道德教育思想的合理内核，并在进行教育实验研究的基础上，形成和发展起来的一种道德教育方法。道德讨论法是柯尔伯格较早提出的一种方法，又称新苏格拉底法，它对发展学生的道德判断有独特作用。但在推广应用中暴露出许多问题，如由于难以操作，教师很少坚持使用这种方法；在实践中单独运用时会流于灌输；学生道德判断的发展并不必然影响现实的道德行为，甚至会出现伪善。柯尔伯格认识到，"从哲学上讲，要使倡导方法不至于流于灌输，就必须在课堂和学校建立一种民主参与的团体"[1]。这种团体，既可以是组织意义上的团体，又可以是思想意义上的集体。公正团体法重视学生民主参与学校管理的权利，并为行使这种权利创造各种机会，提供组织保证。这种民主决策过程，既锻炼了学生在生活中处理复杂情境下的现实道德问题的能力，又培养了学生在平衡自我利益和集体利益时，关心公共利益，适当抑制自我利益的意识。这种集体和公利意识有助于学生实现道德自律，作出成熟的道德判断，并具体化为各种道德行为，从而达到以社会责任为取向的道德发展水平。Cluster

---

① 戚万学：《冲突与整合——20 世纪西方道德教育理论》，山东教育出版社 1995 年版，第 393 页。

School 的实验结果也表明："公正团体法无论在提高规范的期望水平还是在改变学生的行为上都是成功的。"[①] 可以帮助学生达到自我管理和自律的目的。公正团体法也为如何实施隐蔽的道德教育课程提供了有益的启示。柯尔伯格所建立的公正团体实际上是一个充满民主的道德气氛、由大家共同管理的场所。在这里，教师与学生彼此之间的广泛协作、学校的环境与气氛、伙伴文化等，都对学生的道德发展起了重要作用。民主管理的结构和气氛更有利于形成学生的集体协作和共同负责的精神，并为促进学生自觉内化和建构各种道德价值观念、培养负责的社会成员提供了最适宜的环境。公正团体法有助于形成学生的利他精神和集体责任感，促进学生道德判断的更好发展，真正内化和践履各种集体行为规范。

公正团体法旨在影响学生的道德判断和道德行为的统一发展，是一种"团体实践模式"。在平衡自由与责任、培养自我意识与集体意识，发挥个人主权与集体力量在个体道德发展中的协同作用等方面，公正团体法都做了有益的尝试，并提供了许多合理的、成功的建议。柯尔伯格认为，在把道德推理运用于学校生活方面，公正团体法是"最有前途"的一种方法。目前，这方面的研究在广度和深度上都在不断加强。我国素有集体教育的传统，公正团体法给我们的启示是：只有在道德教育中真正尊重学生的自由和权利，并把这种自由和权利具体化为各种现实活动，才能收到良好的教育效果。

二 注重在现实情境中对学生道德责任判断与推理能力的培养

责任认知的发展是道德责任培养中一个不可或缺的内容。这里所指的道德责任认知的发展，既不是单纯的对概念的理解，也不是抽象的关于"对或错""应为或不应为的"判断，而是学生在实际行动中

---

① 戚万学：《冲突与整合——20 世纪西方道德教育理论》，山东教育出版社 1995 年版，第 400 页。

如何作出源于真实生活的责任判断，包括对谁负责、负什么责任等，而非一般的道德判断。莱明于 20 世纪 70 年代探索了研究涉及行为的道德判断的一些不同方法，以及研究有别于"经典的"两难判断和"实际的"两难判断的方法。莱明认为，标准的两难题选择是经典道德判断出于两个理由：其一，它之所以是经典的，是因为两难题的性质是抽象的，假设的，而不是发生在反应者生活环境中（即更接近"真实生活"的两难题）；其二，它之所以是经典的，是因为它要求作出道义的或指示性的道德判断，或仅仅要求作出一种道义判断。相反的，实际决策认为，应采取慎重的方式：如果你处于这样的如海因茨的情景，你将会怎么做？这种方式倾向于具体的（你会怎么做）、描述性的（你会怎么做），而不是单纯指令性的（你应该怎么做）。在一个完整而慎重的实际判断中，真实道德决策不仅是一种指令，而且也是一种对情景事实、自我需要和动机及他人之需要和动机的描述。为了研究经典道义上的道德判断，莱明把他认为的实际—经典的道德判断大致区别为四个单元：其一是运用指令性道德推理的经典两难题；其二是运用慎重推理式的经典两难题；其三是运用指令性的道德推理的真实两难题；其四是运用慎重推理的真实两难题。为此，莱明运用了三个经典（标准假设）两难问题和三个实际（或更接近日常真实生活）两难问题，并对 7—12 年级的 60 名学生进行了访谈。结果表明：实际判断阶段始终低于经典判断阶段。这一结果证实了常识性的期望：人们面对经典道德判断时选择最高级的判断——道德的"最美好途径"，而对更接近真实生活的实际判断则更有可能采取道德的"最卑劣途径"。

　　为了帮助学生作出真实的责任判断，我们就要设法使学生"身临其境"，对现实问题作出现实的思考。可以参考的方法之一是角色承担法。该方法主要是通过让儿童实际地扮演特定情境中特定的社会角色，来实际处理问题，解决困难，体验其心理从而形成某种习惯，养成某种道德品质。角色承担法对教学生学会负责的作用在于：通过承担各种角色，学生的移情式理解能力和道德敏感性有所发展。移情性理解能力已成为近十数年间道德心理学家高度关注的课题之一，意指想象自己处于别人的境况，并理解他人的情感、欲望、意念和行动的能力。移情作用是维系积极的社会关系，激发和促进亲社会行为的重要动因。一个人只有对他人所处的情境有所理解，对他人当时的情绪体验有所知觉，才能设身处地，站在他人的角度去考虑问题和处理问题，真正做到推己及人，坚定不移地履行自己的责任。在实际生活中，每个人总会面临大量的由于他人处于不利状态，而有必要履行自己的某种道德责任的情境。如面对处于生命危险中的人，在这样的情境中，个体能否做出相应的道德行为，很大程度上依赖于个体能否知觉并体验到他人的某种情绪体验，是否具有分享对方情感的能力。情感共鸣能提高个体的道德敏感性，使个体更倾向于承担自己的道德责任。

比较而言，20 世纪 90 年代美国责任公民培养方案中制定的"智力工具"，对上述两点体现得更加全面。美国公民教育中心分别针对小学高年级（1997 年）、初中（1993 年）、高中（1995 年）学生专门编制了《责任——公民教育培养方案互动教学策略》。该方案的核心和特色所在，是其就认识角色责任、解决责任冲突、实践责任行为一系列问题提出的公式化解决方案，该方案称其为"智力工具"（又称"思想工具""头脑工具"）。所谓智力工具意指指导我们就需要解决的课题进行思考的一组问题。这组问题以表格的形式呈现，具有基本的概括性，可以迁移到其他问题情境中。学生在完成表格的过程中，通过一系列问题的提示和引导，思维渐趋清晰，逐渐明了责任问题的情境，直至做出自己的决定。经过不断的训练和强化，学生就能概括出解决各种责任情境的思维公式，以达到举一反三的效果。该方案总结出的"智力工具表"如下。

表一　　　　　　　　　决定承担责任的智力工具表

1. 本课所列举的事件涉及何种责任?		
2. 谁担负着这些责任?		
3. 向谁负责?		
4. 责任的来源是什么?		
5. 履行责任可能承担的后果是什么?	履行这些责任的奖励可能是什么?	
	不履行这些责任的惩罚可能是什么?	
	你认为哪些好处或代价更重要? 为什么要对责任的好处与代价进行斟酌?	
6. 如果你处在当事人的位置,你会怎么做? 为什么?		

表二　　　　　　在相互冲突的责任中选择和确认责任的智力工具

注释:有时问题 7、9、10 或 11 可能不适合你所尝试解决的问题。如果是这种情况,请在相应的空内填写"不适用"或"N/A"。

	责任 1:	责任 2:
1. 该责任是什么?		
2. 该责任的来源是什么?		
3. 履行责任的奖励是什么?		
4. 不履行责任的惩罚是什么?		
5. 履行责任的好处是什么?		
6. 履行责任的代价是什么?		
7. 这些责任的紧迫性如何?		
8. 他们的相对重要性是什么?		
9. 履行这些责任要求多少时间?		
10. 我有需要的资源吗?		
11. 所涉及的其他价值观和兴趣是什么?		

表三　　　　　　　　　决定责任人的智力工具表

1. 发生了什么事件?		
2. 谁被认为是责任人?		
3. 有关的每个人是如何被认为导致了所发生的事件的?		

4. 责任人当时是怎么想的? ·动机 ·是否粗心 ·对自己的行为可能导致的后果的了解		
5. 责任人是否能够控制自己?		
6. 责任人是否有责任以不同方式行事?		
7. 有什么重要的价值或利益观能够帮助解释该人的行为?		
8. 你认为谁应当对此事负责? 为什么?		

以问题形式出现的智力工具会根据要解决的问题的类型的不同而有所不同。这些智力工具表能够在学生面临难以分析或解决的问题时,给他们提供一系列基本的分析架构或智力工具,以帮助他们独立思考并在重要问题上形成理性和负责的观点,并受益终身。该方案在使用建议中特别强调民主讨论在课堂教学中的运用,鼓励学生在没有偏见的基础上考察并发表不同见解,强调不同见解的合理性,学生应学会通过平等的争议和妥协来谋求一致意见,真正参与到问题的解决中去,这也是"现代社会的生命所在",努力认清并抓住有争议的问题的核心和实质。

三　注重对学生的相互协作和主动实践能力的培育

皮亚杰已经从道德心理学的角度论证了道德责任在个体身上是发生、发展的,正是协作使得这种发生、发展成为可能。道德责任既不是固有"道德种子"的自然成熟,也不是单纯外部环境影响的结果,而是主客体相互作用的产物。正如杜威所言,"道德、理智发展的过程,在实践和理论上乃是自由、独立的人从事探究的合作的相互作用的过程"①。道德责

---

① 赵祥麟、王承绪编译:《杜威教育论著选》,华东师范大学出版社1987年版,第435页。

任是相互协作和主动实践的结果。任何道德都是以一定的规则、原则的方式客观地呈现着。它蕴含了对人与人、人与社会之应有关系、人在社会中应有之地位的基本要求，而要真正认识和理解这些要求并在此基础上转化为个人的欲求，只有在体现这些要求的社会关系中并通过实际地处理这些关系才能实现。所以，杜威说："最好的和最深刻的道德训练，恰恰是人们在工作和思想的统一中跟别人发生适当的关系而得来的。"① 只有通过活动和实践，人们才能获得对道德规则更加全面、更加深刻的认识，并以此来调节自己的行为，而且正是在活动中，在与别人的交往中形成了尊重别人、关心别人、合作等品质。道德责任也不例外。18 世纪法国唯物主义哲学家霍尔巴赫对此曾精辟地指出，在交往中，"凡是肯思考的人必然会意识到自己对他人的义务，一定会承认自己同他们的联系；他会研究自己的性格，了解自己的需要和愿望，弄清自己对决定他本身的幸福的那些存在物的义务。所有这些思考就自然而然地产生出道德原理"② 。没有合作，没有交往，人既不能产生真正的责任意识，也不会在生活世界中履行自己的责任。

　　关于交往的重要意义，哈贝马斯进行了更加精深的研究。他提出了系统的交往行为理论，希望用交往合理性来拯救当代人类的精神危机。"交往行为"是哈贝马斯对人类的行为划分的四种类型中的一种，具体来讲，"如果参与行为者的行为计划不是按照自我中心的成就计算，而是因相互理解而形成合作化的活动，那么，我就把这种行为称为交往行为。在交往行为中，参与者不是首先以自我的成就为取向，而是在一定的条件下追求他们个人的目的，就是说，他们能够在共同状况规定的基础上，相互协调他们的行为计划"③ 。也就是说，交往行为是在理解的基础上达成共识的或合作性的交互活动，其最终目标是

---

　　① 赵祥麟、王承绪编译：《杜威教育论著选》，华东师范大学出版社 1981 年版，第 5 页。
　　② ［法］霍尔巴赫：《健全的思想》，王荫庭译，商务印书馆 1966 年版，第 186—187 页。
　　③ ［德］哈贝马斯：《交往行动理论》，洪佩郁、蔺青译，重庆出版社 1994 年版，第 362 页。

要克服交往主体的自我中心，达成他们之间的相互理解与共识或曰"主体间性"。"主体间性"不把人看作原子式的孤立的个体，而是看作与其他主体的共同存在。而作为自由的存在，也不是主体对客体的认识和征服，而是主体和主体之间的共生共荣。这样一种关系，用布贝尔的话说，就是"我"与"你"的平等对话关系，而不是"我"与"它"的物我关系。这种关系消解了一方的话语霸权地位，真正实现了对称性交往。只有在协商的基础上达成的共识，或者说道德规范和行为准则，道德行为主体才会觉得有责任践行之。在一定意义上，没有交往就没有道德，就没有道德责任，就没有道德教育。

活动和交往不仅是思想品德形成发展的源泉，而且也是检验道德发展水平的标准。一个人的思想品德如何，一个人的道德发展至何种程度，只有在一定的社会关系中，只有在与别人的交往过程中才能得以表现、得以证明。也正是从这种意义上说，活动与交往乃是道德责任教育的基础，科学地组织集体活动乃是学校道德责任教育的有效途径。活动法是培养责任感的独特而重要的一种方法。因为只有在活动中，学生才能发展真正的责任意识和义务感。活动法强调通过学生的各种自主活动来促进学生的道德的发展，教学生学会负责。自由是活动的质的规定。"如果一个人通过积极参加社会结构的功能活动进行学习，并于必要时在改造这些社会结构的斗争中承担个人的责任，他就会充分地实现他自己在社会各方面的潜力。"① 自由的活动及其通过自由活动展现的责任关系、意识与行为冲动是培养学生学会负责的重要保障。

"道德的根本关系是人与人、人与群体之间的利益关系，这种利益关系只有通过活动和交往才能体现出来，而基于这种利益关系所要求的责任、义务也只能通过活动才能产生。"② 这是道德教育不能忽视

---

① 联合国教科文组织国际教育发展委员会：《学会生存——教育世界的今天和明天》，教育科学出版社 1996 年版，第 181 页。

② 戚万学：《活动道德教育论》，南开大学出版社 1994 年版，第 119 页。

的。活动是个体实现道德责任行为的根本途径。活动不仅使学生理解到履行道德责任的必要，而且能体验到尽责的神圣与精神的愉悦。学生正是在现实的人与人之间的交往中，通过日益加深的对道德规范的认识，达成一种基于互惠的对对方的道德义务和责任，并在履行这些义务和责任的过程中，切实领略到真正符合人性的东西，体验到更深刻的自我肯定、自我完善的需要。道德责任已不再是避之唯恐不及的心理压力，而是一种积极追求、全身心服膺，并在其中享受道德精神之神圣的强烈要求。此时，学生已超越了对抽象的规则、法典的沉思、论证和依从，而是在责任的履行中感受到道德生活的美好和崇高，使人之为人的精神世界更加丰满、崇高。

实施活动法最根本的要求就是首先应该保证：活动应该而且只能是学生的自主活动，而不是按已经安排好的严格要求去做的、形式化的行为操练和机械重复。用卢梭的话来说就是，让儿童"始终是按照他自己的思想而不是按照别人的思想进行活动"①。行为者本人才是其行为改变的整个过程的主角和动因，强调学生的亲自参与、自我控制、自我调节、自我监督、自我管理和自我强化。个体的行为无一不是其主观能动性的体现，活动本身也要求行为者充分发挥积极性和主动性。学生认识到处理自己行为问题的真正动因应该而且正是"我"自己，从而更加深刻地体会到自己所承担的责任。心理学研究表明，对于自主选择和主动参与的活动，人们往往能想方设法去做好它，并能主动承担各种责任，所以自主活动是提高学生责任感的一个重要途径。

四　按照道德责任在学生生活中逐渐展开的层次性选择责任问题

第二章在对道德责任分类的考察中，我们已经详细地按照个体生

---

① ［法］卢梭：《爱弥尔——论教育》（上卷），李平沤译，商务印书馆1978年版，第140页。

活的逐渐展开，对道德责任进行了划分。这种划分对道德责任教育的意义就在于：有效的道德责任教育必须尊重这种层次性，由近及远、循序渐进选取和组织责任问题和情境，杜绝随心所欲、漫无边际地讲责任。因为学生对那些与自己生活密切的责任事件的关注，远远大于远离自己的生活的遥远事件的关注，比如一个学生对自己身边身患绝症的同学的责任心，要比对遥远山区孩子的受教育机会的责任心更加急迫、切近。西塞罗认为："假如人们能按照与自己关系的密切程度对每个人都表现出仁慈，那么社会利益和社会公约就会得到最好的保护。"① 实际上，我们的道德教育之所以实效低下的原因之一，就是没有真正关注学生的道德需要，以政治素养和意识形态取代道德品行和道德修养。这种没有道德、没有责任、没有学生的道德教育，当然无法培养真主的责任者。

美国责任公民培养方案提供了一个积极的佐证。该方案围绕主干和核心议题，针对小学高年级和初高中生分别编订了教师用书和学生用书。这些主干和核心问题如下。

1. 责任的重要性是什么？

（1）什么是责任？

（2）责任是怎样产生的？

2. 承担责任的好处和代价可能是什么？

（1）承担责任可能的后果是什么？

（2）如何决定承担责任的好处大于代价？

3. 如何在相互冲突的责任之间作出选择？

（1）什么是相互冲突的责任？

（2）如何在相互冲突的责任中作出选择或应当考虑些什么？

（3）如何在课程方案所描述的责任冲突情境中作出选择？

---

① ［古罗马］西塞罗：《西塞罗三论》，徐奕春译，商务印书馆1998年版，第113页。

4. 谁应当承担责任?

(1) 为什么要决定谁是责任人?

(2) 如何决定谁是责任人?

(3) 谁应该为课程方案中所述事件负责?

虽然每个年级的教材结构大致相同,但在内容编排方面,对不同年龄阶段的学生的心理发展特征、理解水平和社会生活实践给予了充分的考虑。这主要体现在不同年级的教材中采用的实际事例的区别上。如小学高年级采用的事例涉及学生的家庭生活、社区生活等领域。初中阶段的教材涉及的案例较复杂一些,除了思考自己在家庭、学校和社区担负的责任外,他们还要分析自己生活范围内的警官、教练、医生、法官、证人等其他社会角色的责任,通过两难故事来发展道德思维和道德判断能力,并通过角色承担法,分析支持或反对建设州立公园、医生是否应该自主决定给昏迷不醒的病人立即实施治疗、是否该建设空军基地等问题情境中的不同社会角色的责任是什么、责任来源、如何解决责任冲突等。高中阶段的教材所选择的绝大多数案例都是美国社会中重大社会事件,如是否应该禁烟、杜鲁门在1945 年向日本广岛投放原子弹事件中的责任、是否实施太阳能计划、1989 年 3 月 24 日埃克森·瓦尔戴兹油轮失事事件中谁应该负责等,而且学生已经开始被教育去思考自由与责任的辩证关系,如公众会议上言论自由的权利所伴随的责任是什么、责任与宗教自由的关系如何等。

五　发挥积极的社会力量在学校道德责任教育中的作用

参与社会交往是道德责任教育的有效途径。现代道德心理学和道德教育理论研究的成果均表明,道德既不是业已建立的文化价值的内化,也不是共同自然本能和情感的展开,道德发展源自社会情境中的相互作用。或者说,儿童道德理智发展的过程,从实践和理论上乃是自由、独立的人从事探索性合作的相互作用的过程。这表明,儿童道德品质的形成乃是道德个体在其所处的社会性历史情境中，通过不断地社会交往活动，经过积极的道德思维，吸纳、过滤、筛选现存的道德理念和规范，并在此基础上，根据社会关系和客观世界的动态发展，开创新的范式的过程。个人在真实生活中的道德决定总是在团体规范背景或团体决策过程中作出的，并且，个人的道德行为常是这些规范或过程的函数。比如越战期间的梅莱大屠杀，许多美国士兵杀害了大批手无寸铁的妇女和儿童，就个人而言，他们这样做，主要原因既不是他们对何谓正义道德行为的道德判断还没有成熟，也不是他们是某种意义上的"道德败坏者"，他们之所以这样做，是因为他们参与了从根本上说以团体规范为基础的团体行为。认识到道德气氛或团体规范对个人道德行为的重要作用，能使我们得出这一结论：在许多情况下，道德教育的最好方法是努力改进个人作出道德决定时的道德气氛。诚如涂尔干在《道德教育》一书中指出的，课堂或学校团体会产生集体规范，后者依附于团体，是独特的团体现象。通过建设更高阶段的集体规范和团体观念，我们将会更好地促进学生的道德行为。

使学校道德责任教育与社会生活密切结合的方法之一是"走出去"。为此，"教育者必须是一个社会教化者，教授价值内容和行为，而不仅仅是一个苏格拉底式的道德判断的促进者"[1]。他们要善于利用日常生活中的实际问题组织学生讨论，培养他们作为社会公民的责任意识，主动地承担起对集体和自己发展的各种责任。品格教育在这方面的经验值得借鉴。他们注重培养学生对社会事务的关注，通过关心获得一种责任意识。责任教育的一个很重要的内容就是帮助个体学会关心，超越自己的自私心，发现自己为善的力量。政府等机构本身并不能解决和控制当今时代的所有重大社会问题。"参与公共活动使人

---

[1] 戚万学：《冲突与整合——20世纪西方道德教育理论》，山东教育出版社1995年版，第404页。

们得到道德方面的教育。它要求人们考虑各种利益，而不仅仅考虑自己的利益。在各种利益处于冲突的情况下，要能接受别的规则的指导，而不要只是根据自己的偏爱和原则去作出决定，尽管从普遍的善的意义上说，这些原则都有其存在的理由。在不存在公共精神的学校里，人们除服从法律和顺从政府外，决不懂得个人对社会负有责任。"① 如果责任意识不能深入每一个个体的生活中，没有人可以幸存。要培养社会良心，就需要让学生了解社会现实。具体的方法有：使学生意识到自己国家和全世界的人的需要和正在遭受的磨难；提供一些致力于解决这些问题的组织的实际事例，组织学生制定计划、采取行动；提供一些在社会上令人振奋的道德范例或周围人群中的道德表率；为学生提供参加服务活动的机会，特别是那种面对面的互助关系，如跨年级或好伙伴之间的学习辅导。教育学生正面现实的道德冲突，培养道德判断和道德讨论的能力，教授解决道德冲突的方法。回避冲突，回避争议，就意味着对我们生活中的重要问题的漠视，如果这样，我们怎能期望道德教育培养出优秀的责任公民？他们何以能做出成熟的道德决策？教授学生解决道德冲突的策略有：利用现实中的道德事件，引导学生发现道德冲突，明晰道德冲突的原因，利用班会讨论道德冲突，教给学生解决冲突的具体的社会技能，并在以后的道德事件中锻炼学生运用已学会的社会技能解决新的冲突。

另一个方法就是"请进来"。将家长和社会当作责任教育的合作伙伴，同时寻求社会的帮助来强化或巩固学校的责任教育。责任教育要取得长足的成功，有待社会、学校和家庭的倾力合作。如美国威斯康星州公立教育部于 1987 年推出全州范围内的"家庭教育年"（Year of The Family in Education）运动，设立了三个目标，一是教育教师认

---

① ［美］科尔伯格：《道德教育的哲学》，魏贤超等译，浙江教育出版社 2000 年版，第 300 页。

识到敦使家长更多地参与到责任教育中的使命；二是通告学校关于他们在改善家庭—学校关系方面的一些建议；三是直接告知家长他们在孩子的教育中的职责。为此，学校对家长就他们所期望孩子拥有的品格进行调查，设计一些有家长参与的活动，使家长认识到他们在学校的责任教育中的职责，鼓励家长在家中进行责任教育，围绕家长的教育技能组织座谈会或教授为人父母之道的必修课程，帮助家长组织一些聚会，讨论他们共同关注的问题。其他的一些措施包括，与家长就学校的责任教育计划进行交流，创设一种合作的学校氛围，学校和家长在其中能建设性地解决出现的价值冲突。在美国密苏里州，在丹福斯基金的资助下，基础和中等教育部组织了一个非常成功的计划——"家长当老师（Parents as Teachers，PAT）"。该计划是基于这样一个观点：通过帮助家长成为孩子生命最关键的最初三年——0 到 3 岁期间最重要的教师，来帮助孩子在生命伊始取得最大可能的成功。该计划的实施原则是自愿而非强制，具体包括：一是训练有素的教育者每月家访，让儿童完成一些基本的任务，家长通过见习掌握和儿童玩耍以及帮助他们学习的方法，教育者还可以教给家长如何观察孩子取得的进步等；二是同龄孩子的家长聚会，分享育儿经验；三是定期监督，以确保孩子三岁前不会出现障碍而无人觉察，或者存在发展问题。该计划实施后从1981 年仅有 380 个家庭参与迅速发展到有 543 个学区参与、政府资助的服务项目，一年后参与该项目的家庭已经多达 50000 个。该州的其他 80个地区已经在模拟实施该项目。以上是我们对学校道德责任教育的实践策略提供的一些原则性设想。无论采用何种方法，万变不离其宗，正如皮亚杰总结的那样，"传统教育方法与新的教育方法的对立乃是被动性与主动性的对立"①。学校道德责任教育应该以培养人主动、自觉承担民主社会中的各种道德责任为目的，为此，就应该用一种"活生生

———————————

① ［瑞士］皮亚杰：《教育科学与儿童心理学》，傅统先译，文化教育出版社 1981 年版，第 238 页。

的、民主的决定过程去代替那种机械的、行政的权威统治。大量地参与社会生活，以尽自己最大的责任，这不仅保证了集体的效用，而且也是谋求个人幸福，掌握日常管理社会与控制事物的权力，走向自己决定自己命运之道的先决条件"①。道德责任之教，必然是引导学生自主建构、自由选择、自觉负责的过程。

---

① 联合国教科文组织国际教育发展委员会：《学会生存——教育世界的今天和明天》，教育科学出版社 1996 年版，第 190 页。

结　　语

　　现实的教育生活中，道德责任的普遍缺乏业已证实了学校道德教育的乏力，也呼唤着新的学校道德教育策略的诞生。通过对道德责任的内涵、意义与实现条件的分析以及对现有的学校道德教育的反思，我们可以看到，忽视乃至否定学生主体的自由，限制或取消学生自主的活动，造成了学校道德教育中"人的缺失"的尴尬与无奈。道德教育价值的狭隘与功利主义，目标设定的管制与防范取向，内容的封闭和单一，方法的强制与灌输等已成为困扰学校道德教育有效运转的沉疴痼疾，导致所谓的道德教育实效持续低下的窘境。要扭转这一局面，就必须实现从"教会听话""教会顺从"的道德教育理念向"教会选择""教会负责"的道德教育理念的转变，建构一种以学生为主体、以自由为基础的道德教育模式，把"自由"还给学生，把道德教育变成学生自由活动的领域。

　　20 世纪 60 年代后，加强道德教育改革的呼声空前高涨，尤其是进入八九十年代以后，为了争夺 21 世纪经济科技和军事科技等各个领域的主导地位，各发达国家纷纷为培养下个世纪具有国际竞争力的人才而制定了全国性的教育目标，同时对学校道德教育目标也提出了各自的改革方案。总的来说，美国及西欧国家学校道德教育是围绕培养"合格公民"这一目标来进行的，而加强"责任教育"成为这些教育改革举措的一个共同特点或发展趋势。当代美国学校道德教育目标是把公民培养成具有爱国精神、能对国家尽到责任和义务的"责任公民"，以建立和维持一个统一强大的美利坚合众国。根据《英国学校道德教育》一书中援引的调查资料，1972 年学校教师建议的道德教育内容，其道德教育目标主要涉及以下几个方面：一是培养学生的社会意识和公民意识，明确社会对个人的要求，知道个人的权利、义务和责任，正确认识自由和纪律的关系；二是正确认识个人和他人的关系，让学生知道在社会上照顾他人到一定程度的必要性。英国全国课程设置委员会主席大卫·柏斯卡也强调："教育不能与道德相脱离，对学生进行道德教育是学校义不容辞的责任。"[1] 法国学校在一百多年来始终把培养学生的公民责任感作为学校道德教育的重要课题，为了实现这一目标，法国教育部统一了中小学各有侧重的道德教育目标和教学大纲。如小学道德教育的目标是：针对 6—11 岁在校儿童的特点，"帮助儿童掌握民主生活的基本准则，养成负责的社会行为，初步了解国家和政治与行政机构和法国在世界的地位；使儿童懂得自己不仅拥有得到法律承认的权利，而且同时对社会也负有责任；培养儿童诚实、勇敢、摒弃种族主义热爱法兰西共和国的品质"[2]，初中的道德教育目标是："发展学生整体利益感，使其尊重法律，热爱法兰西共和国。为此，学生应当受到他们在成年时将行使的有关公民权利与义务教育。"[3] 德国在其《联邦德国教育总法》中，对于学校在道德教育方面的目标作了这样的规定："培养学生在一个自由、民主和福利的法律社会中……对自己的行为有责任感"，在巴伐利亚州法中，规定得更加详细，如对 18 岁以后的学生，在道德方面的要求是培养"尊重人的尊严、自我克制、责任感、乐于负责与助人，能接受一切真、善、美的胸怀，以及对自然和环境的责任心"[4]。新加坡的学校教育也把培养学生成为有国家意识、有社会责任感和有正确价值观念即

① 朱永康主编：《中外学校道德教育比较研究》，福建教育出版社 1998 年版，第 199 页。
② 朱永康主编：《中外学校道德教育比较研究》，福建教育出版社 1998 年版，第 199 页。
③ 朱永康主编：《中外学校道德教育比较研究》，福建教育出版社 1998 年版，第 200 页。
④ 朱永康主编：《中外学校道德教育比较研究》，福建教育出版社 1998 年版，第 200 页。

"能及时对自己、家庭、邻居、社会和国家尽自己义务的"好公民作为学校道德教育的基本目标。凡此种种，都反映了责任教育之于现代学校道德教育改革的时代意义与现实意义。

我们对道德责任教育的探讨仅先于学校道德教育的范畴。这并不意味着，道德责任的教育只能在学校领域进行，相反，我们认为，培养真正的责任者的道德教育是一项庞大的社会系统工程，有赖于学校、家庭和社会的全方位、全时空的参与。单就学校道德教育自身来说，如何为教师、学生在道德教育中准确定位，如何把学生的自由具体化等，仍然需要各界人士的共同思考与探索。但我们不能因为现实的困难而放弃一切可能的努力。本书的目的也正在于此。我们期冀本书能够对学校道德责任教育的进一步探讨提供某些基础，因而，我们由衷地希望更多的学者能够加入对这一现实而紧迫的论题的讨论，以使学校道德责任教育的研究得以向更深的分析发展。这既是我们的希望，也是时代赋予道德教育理论工作者的艰巨而深沉的任务。

对学生进行责任的教育，既是学校道德教育的题中应有之意，也是教育工作者的一份沉甸甸的"责任"。缺乏责任内涵的道德教育，是一种缺乏责任的表现，是一种使道德教育变为"不道德"的道德教育的一种悖论。"自由给你们在善恶之间即在责任和自私心理之间进行选择的力量。教育必须指导你们怎样选择。联合必须向你们提供实施选择的方法。进步是你们进行选择时必须注意的目标。同时也是在取得明显的成果时成为你们并未选错的证据。如果抛弃或忽视这些条件中的任何一条，那就谈不上做人，也谈不上做公民，他就只是处于不完善的状态，在自己的发展过程中受到抑制。"① 这是人的基本责任，也是教育工作者的责任，更是道德教育工作者不可推卸的责任。

---

① ［意］马志尼：《论人的责任》，吕志士译，商务印书馆1995年版，第121页。

参考文献

一　中文

（一）教育及道德教育著作

班华：《现代德育论》，安徽人民出版社 2003 年版。

[美] 比恩：《没有威吓的教室——113 种有效的策略与技巧》，陈如平译，中国轻工业出版社 2003 年版。

冯建军：《生命与教育》，教育科学出版社 2004 年版。

冯增俊：《当代西方学校道德教育》，广东教育出版社 1993 年版。

高德胜：《知性德育及其超越：现代德育困境研究》，教育科学出版社 2003 年版。

金生鈜：《德性与教化》，湖南大学出版社 2003 年版。

瞿葆奎：《教育学文集·德育》，人民教育出版社 1989 年版。

联合国教科文组织国际教育发展委员会：《学会生存——教育世界的今天和明天》，教育科学出版社 1996 年版。

国际 21 世纪教育委员会：《教育——财富蕴藏其中》，联合国教科文组织总部中文科译，教育科学出版社 1996 年版。

鲁洁：《当代德育基本理论探讨》，江苏教育出版社 2003 年版。

鲁洁：《德育社会学》，福建教育出版社 1998 年版。

鲁洁、王逢贤：《德育新论》，江苏教育出版社 2000 年版。

[美] 诺丁斯：《学会关心：教育的另一种模式》，于天龙译，教育科学出版社 2003 年版。

戚万学:《冲突与整合——20 世纪西方道德教育理论》,山东教育出版社 1995 年版。

戚万学:《活动道德教育论》,南开大学出版社 1994 年版。

戚万学、杜时忠:《现代德育论》,山东教育出版社 1997 年版。

戚万学等:《道德学习与道德教育》,山东教育出版社 2006 年版。

檀传宝:《信仰教育与道德教育》,教育科学出版社 1999 年版。

檀传宝:《学校道德教育原理》,教育科学出版社 2000 年版。

王承绪、赵祥麟:《西方现代教育论著选》,人民教育出版社 2001 年版。

魏贤超:《现代德育原理》,浙江大学出版社 1993 年版。

肖川:《主体性道德人格教育》,北京师范大学出版社 2002 年版。

许桂清:《美国道德教育理念研究》,黑龙江人民出版社 2001 年版。

许惠英编译:《国外中小学教育面面观——发展学生自尊和责任感的活动法》,海南出版社 2000 年版。

易连云:《重建学校道德教育》,教育科学出版社 2003 年版。

袁桂林:《当代西方道德教育理论》,福建教育出版社 1995 年版。

张春兴:《教育的应为与难为》,世界图书出版公司 1993 年版。

张人杰:《国外教育社会学基本文选》,华东师范大学出版社 1989 年版。

赵中建:《教育的使命:面向二十一世纪的教育宣言和行动纲领》,教育科学出版社 1996 年版。

钟启泉、黄志成:《西方德育原理》,陕西人民出版社 1998 年版。

朱永康:《中外学校道德教育比较研究》,福建教育出版社 1998 年版。

朱永新:《中国教育缺什么》,苏州大学出版社 2003 年版。

[德] 伊曼努尔·康德:《论教育学》,赵鹏、何兆武译,上海人民出版社 2005 年版。

[法] 爱弥尔·涂尔干:《道德教育》,陈光金等译,上海人民出版社 2001 年版。

[加] 克里夫·贝克:《优化学校教育——一种价值的观点》,戚万学等译,华东师范大学出版社 2003 年版。

［美］杜威：《道德教育原理》，王承绪等译，浙江教育出版社 2003 年版。

［美］霍尔、戴维斯：《道德教育的理论与实践》，陆有铨、魏贤超译，浙江教育出版社 2003 年版。

［美］科尔伯格：《道德教育的哲学》，魏贤超等译，浙江教育出版社 2000 年版。

［美］美国公民教育中心编制：《责任——公民教育培养方案互动教学策略》。

［瑞士］皮亚杰：《皮亚杰教育论著选》，卢濬译，人民出版社 1990 年版。

［伊朗］S. 拉塞克、［罗马尼亚］G. 维迪努：《从现在到 2000 年教育内容发展的全球展望》，马胜利、高毅、丛莉、刘玉俐译，教育科学出版社 1996 年版。

［英］彼得斯：《道德发展与道德教育》，邬冬星译，浙江教育出版社 2000 年版。

［英］怀特海：《教育的目的》，徐汝舟译，生活·读书·新知三联书店 2002 年版。

［英］麦克莱伦：《教育哲学》，宋少云、陈平译，生活·读书·新知三联书店 1988 年版。

［英］约翰·威尔逊：《道德教育新论》，蒋一之译，浙江教育出版社 2003 年版。

（二）伦理学著作

陈根法：《心灵的秩序——道德哲学理论与实践》，复旦大学出版社 1998 年版。

程东峰：《责任论：关于当代中国责任理论与实践的思考》，中国林业出版社 1994 年版。

程继松：《义务：照亮历史的道德之光》，广西人民出版社 1996 年版。

冯国超主编：《淮南子》，吉林人民出版社 1999 年版。

冯国超主编：《礼记》，吉林人民出版社 1999 年版。

冯国超主编：《论语》，吉林人民出版社 1999 年版。

何怀宏：《伦理学是什么》，北京大学出版社 2002 年版。

何建华：《道德选择论》，浙江人民出版社 2000 年版。

康志杰：《信：立身处世的支撑点》，广西人民出版社 1996 年版。

李步云、徐炳：《权利和义务》，人民出版社 1986 年版。

刘惊铎：《道德体验论》，人民教育出版社 2003 年版。

夏伟东：《道德本质论》，中国人民大学出版社 1991 年版。

肖雪慧、兰秀良、魏磊主编：《守望良知——新伦理的文化视野》，辽
  宁人民出版社 1998 年版。

姚伟钧：《礼：传统道德核心谈》，广西人民出版社 1996 年版。

余涌：《道德权利研究》，中央编译出版社 2001 年版。

张恒山：《义务先定论》，山东人民出版社 1999 年版。

赵汀阳：《论可能生活》，生活·读书·新知三联书店 1994 年版。

［德］费希特：《伦理学体系》，宋学志、李理译，中国社会科学出版
  社 1995 年版。

［德］弗里德里希·包尔生：《伦理学体系》，何怀宏、廖申白译，中
  国社会科学出版社 1988 年版。

［德］海德格尔：《存在与时间》，陈嘉映、王庆节译，生活·读书·
  新知三联书店 1987 年版。

［德］黑格尔：《法哲学原理》，范扬、张企泰译，商务印书馆 1961 年版。

［德］马丁·布伯：《我与你》，陈维钢译，生活·读书·新知三联书
  店 2002 年版。

［德］塞缪尔·普芬道夫：《人和公民的义务》，James Tully 编，中国
  政法大学出版社 2003 年版。

［德］石里克：《伦理学问题》，张国珍、赵又春译，商务印书馆 1997
  年版。

［德］雅斯贝尔斯：《什么是教育》，邹进译，生活·读书·新知三联
  书店 1991 年版。

［德］伊曼努尔·康德：《道德形而上学原理》，苗力田译，上海人民出版社 2002 年版。

［俄］别尔嘉耶夫：《论人的使命》，张百春译，学林出版社 2000 年版。

［法］居友：《无义务无制裁的道德概论》，余涌译，中国社会科学出版社 1994 年版。

［法］西蒙娜·薇依：《扎根：人类责任宣言绪论》，徐卫翔译，生活·读书·新知三联书店 2003 年版。

［古罗马］西塞罗：《西塞罗三论》，徐奕春译，商务印书馆 1998 年版。

［古希腊］亚里士多德：《尼各马科伦理学》，苗力田译，中国社会科学出版社 2003 年版。

［美］A. 麦金太尔：《德性之后》，龚群、戴扬毅译，中国社会科学出版社 1995 年版。

［美］A. 塞森斯格：《价值与义务》，中国人民大学出版社 1992 年版。

［美］阿拉斯代尔·麦金太尔：《伦理学简史》，龚群译，商务印书馆 2003 年版。

［美］弗兰克·梯利：《伦理学导论》，何意译，广西师范大学出版社 2002 年版。

［美］肯尼迪：《学术责任》，阎凤桥译，新华出版社 2002 年版。

［美］莱茵霍尔德·尼布尔：《道德的人与不道德的社会》，蒋庆、王守昌等译，贵州人民出版社 1998 年版。

［美］里奇拉克：《发现自由意志与个人责任》，许泽民译，贵州人民出版社 1991 年版。

［美］罗尔斯顿：《环境伦理学：大自然的价值以及人对大自然的义务》，杨通金译，中国社会科学出版社 2000 年版。

［美］马斯洛：《人的潜能和价值》，林方主编，华夏出版社 1987 年版。

［美］尼特：《一个地球多种宗教：多信仰对话与全球责任》，王志成等译，宗教文化出版社 2003 年版。

［美］斯金纳:《超越自由与尊严》，王映桥、粟爱平译，贵州人民出版社 1988 年版。

［美］约翰·罗尔斯:《正义论》，何怀宏、何包钢、廖申白译，中国社会科学出版社 1988 年版。

［美］约翰·马丁·费舍、马克·拉维扎:《责任与控制——一种道德责任理论》，杨韶刚译，华夏出版社 2002 年版。

［苏联］索科洛夫:《人的道德发展社会学》，苏敬斌等译，社会科学文献出版社 1988 年版。

［瑞士］J. 皮亚杰、B. 英海尔德:《儿童心理学》，吴福元译，商务印书馆 1980 年版。

［瑞士］让·皮亚杰:《儿童的道德判断》，傅统先、陆有铨，山东教育出版社 1984 年版。

［瑞士］让·皮亚杰:《儿童的语言与思维》，傅统先译，文化教育出版社 1980 年版。

［意］马志尼:《论人的责任》，吕志士译，商务印书馆 1995 年版。

［英］摩尔:《伦理学原理》，长河译，商务印书馆 1983 年版。

［英］亚当·斯密:《道德情操论》，余涌译，中国社会科学出版社 2003 年版。

二 英文

Downey M. & Kelly A. V., *Moral Education: Theory and Practice*, London: Harper & Row Ltd., 1978.

Gerald Dwokin ed., *Determinism, Free-will and Moral Responsibility*, N. J.: Prentice-Hall, 1970.

Fischer, John Martin ed., *Moral Responsibility*, N. Y.: Cornell University Press, 1986.

Gregory Mellema, *Individuals, Groups, and Shared Moral Responsibility*, New York: Peter Lang Publishing, 1988.

Keeny Albert ed. , *Free Will and Responsibility*, London: Routledge & Kegan Paul, 1978.

Ted Honderich, *Essays on Freedom of Action*, Camelot Press Ltd. , 1973.

Thomas Lickona, *Education for Character: How Our Schools Can Teach Respect and Responsibility*, New York: Bantam Books, 1991.

后　记

　　第一部拙作即将付梓，如释重负之余，犹有丝丝惶恐。这种感觉如此熟悉，仿佛回到十余年前博士论文答辩的场景。人生总是在不经意间轮回，如四季流转。譬如笔者毕业留校，一直从事行政管理工作。未料二十年后又做回老师，物非人非，再次出发。唯初心不改，悦纳一切，安住当下。回望这漫漫苦旅，幸有引路人、摆渡人和同行人，感恩遇见！

　　笔者自1998年师从戚万学教授门下，开始探索教育学原理。学术文献汗牛充栋，学术思想博大精深。幸有老师博古通今，诲人不倦。笔者步履蹒跚间，渐解其中精妙。攻读博士学位的日子，才真切体会到学术之路的艰辛，真实感受到老师所言不分日夜闭门苦读的清苦、思想困顿一筹莫展的窘迫、茅塞顿开不可言传的畅快。老师治学的严谨，知识的渊博，思维的缜密，思想的独到，为人的真诚，做事的执着，原本就是一部丰富而鲜活的道德教材，是对"学高为师、身正为范"的最佳诠释。老师在做人、为学、处世方面言传身教，令学生受益终身。这部拙作，便是为了致敬老师的谆谆教导、循循善诱，并纪念那段废寝忘食却意气风发、苦思冥想却眼中有光、离群索居却来往鸿儒的博士求学生活！

　　拙作的顺利完成，凝聚了众多良师益友的关心与帮助。华东师范大学终身教授陆有铨先生生前教导说要做"看得懂"的研究，并曾就本研究的研究范围、框架结构给予有益的点拨与提示，使研究范围更加明晰、结构更加严谨。皖西学院程东峰教授专注于责任研究多年，在笔者寻购其论著《责任论》未果时，慷慨惠赠并及时邮寄此书，对本研究的资料搜集、开拓思路给予了重要帮助。北京师范大学教育学院王啸教授慷慨分享相关学术资料，不辞辛苦复印、邮寄，为完善本研究的核心内容提供了关键帮助。笔者还有幸与曲阜师范大学唐爱民教授、山东青年政治学院刘先义教授同窗学习。每每思路凝滞时，就去唐教授的"解忧小舍"求助，听他一番幽默睿智的分析，如醍醐灌顶。刘先义教授每次见面都语重心长地提醒，不要因为行政事务而放弃学术研究，现在才真正体会到他当时用心之良苦。山东师范大学经济学院乔翠霞教授、教育学部冯永刚教授以最极致的耐心、最专业的指导，引领笔者重新回归科研之路，是他们鼓舞了笔者！山东中医药大学甄红菊教授从思想政治教育研究的角度，对本书的完善提出了中肯的意见。山东师范大学经济学院宋玉洁老师在孕期依然帮助调整版式、校对文稿，一丝不苟，严谨规范，没有她的帮助，笔者难以想象如何在家事缠身的境况下按时交稿。

最后要感谢我的家人们，在人生最特殊、最困难的时刻，陪我一起坚持、坚守！谨以此书，向他们表示最深挚的敬意和谢意。

"大学之道，在明明德，在亲民，在止于至善。知止而后能定，定而后能静，静而后能安，安而后能虑，虑而后能得。物有本末，事有终始。"走出半生，以学生身份走入大学，以老师身份留在大学，善始善终，如此便好。"夫物芸芸，各复归其根。归根曰静。"做一个老师，做一个好老师，便是静处、静观、静思、静悟的归根之举。"回首向来萧瑟处，归去，也无风雨也无晴。"

赵文静
二○二二年十一月